IRENE IVARSSON

FÖRLÖST

Tillägnad mina älskade barn

"Så skall världen varje morgon skapas på nytt,

förlåten – i dig, av dig".

Dag Hammarskjöld i Vägmärken

FÖRORD

När jag fick min diagnos, utbredd skelettcancer, kände jag en väldig brådska att skriva ner mitt livs berättelse. Första delen blev en bok med titeln: **Hon som går raskt.** En berättelse om mig och familjens liv under åren 1970-83 i missionstjänst i Kongo Brazzaville och Centralafrikanska Republiken. Det var oerhört viktiga år både för oss vuxna och våra fyra barn. Vi fick en vidare världsbild och bättre förståelse för olika kulturer. Denna bok är en direkt fortsättning, men kan läsas separat.

Det var inte helt lätt att komma tillbaka till Sverige efter så många år i den fattiga världen. Vi fick en sorts omvänd kulturchock och det tog tid att anpassa oss. Visserligen hade vi varit i Sverige under så kallade viloperioder, men nu skulle vi bygga oss en framtid och etablera oss på riktigt i vårt eget land. Mitt behov av att vidareutbilda mig för att kunna fortsätta att arbeta inom vården, ledde till att jag utbildade mig till barnmorska. Under utbildningstiden gjorde HIV sitt intåg i Sverige och jag skriver om hur sjukvården, kyrkan och samhället reagerar och hanterar mötet med de drabbade. Barnmorskans breda kompetensområde och etiska frågeställningar, om abortgränser, samvetsklausul, omskärelse av barn, är varvade med verkliga händelser och samtal.

Det är med stor vånda och tveksamhet boken har värkt fram. När #metoo rörelsen trädde fram med kraft, fick jag inspiration och styrka att skriva ner den här berättelsen. Ty en barnmorska får inte bara vara med i födelsens underbara värld och stödja de nyblivna föräldrarna, utan också ta del av många tragiska livsberättelser om övergrepp och trasiga relationer, också mitt i den kyrkliga världen. I bokens andra del sänds jag ut på barnmorskeuppdrag till Somalia och möter könsstympningen med alla dess konsekvenser.

Stort tack till min man och bästa vän Villu, som inspirerat mig att skriva ner, som minutiöst granskat och kommenterat mitt manus. Din kärlek och omsorg hjälpte mig att bli frisk! Birgitta hur ska jag kunna tacka dig som fick förmedla helande krafter till min kropp i en hisnande kraftström. Gunilla, tack för dina händer som masserade mig så varsamt samtidigt som du lovade att gå med mig tills jag skulle bli frisk. Tack till vänner som jag kunnat intervjua för att minnas mitt liv. Tack kära kollegan Charlotte som faktagranskat och tack till Gerd min kusins fru, för alla dina kloka råd. Tack bror Erling, väninnan Elisabeth och flera lektörer som villigt granskat det jag skrivit.

Min mormor hette Matilda Åhs. Mamma sa alltid att jag var mycket lik henne. Att detta stämmer kan jag se på foton som finns, men jag fick aldrig en chans att lära känna henne eftersom hon dog innan jag fyllde två år. Mormor kom från Sörmland och var utbildad finsömmerska. Förmodligen träffade hon min morfar Gustaf Åhs, när han gjorde militärtjänst i hennes stad. Hans far i sin tur hade varit grenadjär i kungens livregemente och hade därför fått knektnamnet Åhs. Morfar blev byggmästare i sin hemtrakt Ydre kommun i Östergötland. Han byggde ett gediget hus åt Matilda och sig i Rydsnäs, med en egen snickarverkstad, ladugård och stall för hästen, som behövdes för att dra virket från skogen till byggprojekten. På den tiden ritade en byggmästare själv och beräknade vad som behövdes för ett bygge under vintern, såg ut raka träd i skogen, högg ner dem och lät hästen dra de stora stockarna från skogen när det var snö, staplade dem sedan i den stora ladan där de skulle ligga på tork under 2 år för att användas under sommartid. Stockarna sågades upp till plankor och användes vid min morfars olika byggprojekt. Det var ett riktigt tungt hantverk att vara byggmästare. Morfar fick tapperhetsmedalj av Kungliga Patriotiska sällskapet 1929 och fick mottaga den ur Kung Gustav den V s hand. Hans insatser i hemvärnet under andra världskriget var betydande och han var en betrodd medlem i kyrkofullmäktige under många år. Mormor födde sex barn, varav en liten pojke som dog vid tre års ålder. Pojken fick namnet Harald. Jag själv råkar vara född på dagen när

Harald har namnsdag, och jag tänker att mormor blev extra glad att få ett barnbarn just den dagen.

Jag lånar mormors namn Matilda, för att slippa använda jagformen i boken. Alla berättelser och personer finns i verkligheten, men en del av namnen är fingerade och berättelserna omgjorda av hänsyn till personerna i boken. Läs boken som en roman.

1

Hemkomst

Det är 1983 och familjen återvänder till Sverige. Nu skulle ett nytt kapitel i börja. När de landade på Kastrups flygplats såg ett av barnen för första gången en hiss och rulltrappor.

– Vad är det för ett rum som går upp och ned? Kan vi gå dit igen? Spännande!

Det var som en dröm att komma hem till det välordnade Sverige. Så rent allting var! Både inne i husen och på gatorna. Sopbilar sopade gatorna varje dag. Dammsugare och tvättmaskin istället för hushjälp och barnflicka. Inga ormar, skorpioner eller kackerlackor! Inga malariamyggor! Inget behov av att använda myggnät eller att ta tabletter varje dag till skydd mot malarian.

Att köra på motorvägen kändes som att flyga. De hade levt ett liv i den fattiga världen i många år och under tiden hade levnadsstandarden i Sverige bara ökat. Kvinnor hade intagit arbetsmarknaden utanför hemmen, barnomsorgen byggts ut och många familjer hade två bilar för att få vardagen att fungera. Det var som en tävlan att skaffa sig bättre villa och flottare bil och att resa på semester till utlandet. För Matildas familj var alla bekvämligheter den stora skillnaden. Tänk bara vilken lyx att ha el dygnet om, att skruva på en vattenkran och få drickbart vatten och varmvatten. Att kunna ringa till släkt och vänner precis när man önskade. Att skicka brev som kom fram till adressaten dagen efter. Att finna välfyllda butiker där allt man kunde önska sig fanns i stora mängder och urval. Kunna gå ut på gator på kvällen och känna sig trygg. Bo nära föräldrar, syskon och vänner och enkelt bara titta in på en kopp kaffe. Allt detta som räknas som självklar standard, var lyx för dem.

 När Matilda kom till domkyrkan och hörde de mäktiga tonerna från den stora piporgeln, brast det för henne. Tårarna bara rann när hon hörde denna himmelska musik. Matilda blev medveten om att hon särskilt saknat instrumental och klassisk musik, under åren i Afrika. Det fanns ingen bandspelare som klarade av den ryckiga tillförseln av el som elgeneratorn producerade i Afrika, och den lilla batteridrivna bandspelaren kunde inte alls ge den musikupplevelse hon nu fick ta del av.

Nya svenska ord som familjen inte förstod hade dykt upp under deras bortavaro och vissa sedlar och mynt hade bytts ut. För barnen var det oerhört mycket nytt att ta in. Att hamna i en stor skolklass med 28 barn med en enda lärare som inte hann svara på varje barns frågor var väldigt annorlunda än i den lilla klassen i svenska skolan i Afrika. Där var de tränade att arbeta självständigt, eftersom det bara var ett eller två barn i varje klass och olika klasser satt i samma klassrum. Nu skulle de arbeta med att göra uppgifter samtidigt med alla andra i klassen.

Att lära sig trafikregler och att cykla i en stad på egen hand var också en utmaning. Matilda cyklade med barnen i en lång rad efter sig och lärde dem vad olika vägmärken betydde och hur de skulle använda cykelbanor. Närmaste väg till skola och bibliotek var viktiga. Biblioteket ja, det var sannerligen en guldgruva för läshungriga barn som haft en begränsad tillgång till böcker och litteratur i Afrika! Böcker lånades i stora mängder. Sommaren ägnades åt lata dagar vid havet där Matilda tränade barnen i simning.

I det samhälleliga systemet och enligt svensk byråkrati räknades de som främlingar eller invandrare i sitt eget land. Det tog till exempel sex månader för att bli registrerad i Försäkringskassan för att få barnbidrag eller rätt till sjukpenning. Kvinnor hade i mycket högre utsträckning börjat arbeta heltid även om de hade små barn och detta trots att barnomsorgen inte var fullt utbyggd. Det gick inte att klara sig på en lön för familjer om man ville leva upp till den svenska levnadsstandarden. Kärnfamiljen började ifrågasättas och de homosexuellas rättigheter till att bilda familj stod högt i samhällsdebatten. De första Pridefestivalerna hade börjat anordnas i Sverige.

Under augusti kunde familjen flytta in i ett alldeles underbart hus där barnen kunde få egna rum och där det dessutom fanns stora utrymmen för att ta emot gäster och umgås tillsammans. Huset låg bara 300 meter från badstranden, hade 6 rum och kök plus gillestuga och gästrum i källaren. Det var utrustat med fyra toaletter, tre duschrum, och med bastu och tvättstuga i källarvåningen. I det välutrustade köket fanns diskmaskin och en spis och ugn som till och med kunde ställas in med timer. Maten kunde bara ställas in i ugnen och tiduret på den tid som man önskade att middagen skulle vara klar. Det fungerade häpnadsväckande väl, även om det kändes pirrigt första gången Matilda prövade. Familjen fick många besök av missionärskollegor, fransmän, släkt och vänner, alla rymdes. Senare på hösten ordnades en kvartersträff för att lära känna grannarna. Dessa gratulerade den nya familjen till att ha hamnat på *rätt sida om järnvägen*. Matilda förstod inte först vad som menades med detta, men insåg så småningom att de råkade bo på överklassens sida av staden.

Det var inte bara biblioteket som var en guldgruva för barnen. Det fanns en simhall på cykelavstånd, där de kunde roa sig under vintern. Alla barnen var dessutom mycket musikaliska och i det stora huset fanns det plats för Matildas elorgel, dragspel och gitarr och några instrument de tagit med hem från Afrika, bland annat trummor, knäppinstrument och marakass. Barnen fick gå i musikskola och välja det instrument de önskade spela. Det blev inköp av ett begagnat piano och flöjter. Huset fylldes av sång och musik och mycket glädje. Ibland bildade de en liten orkester och spelade tillsammans.

Bilden av och minnet om det fria landet Sverige där alla var pålitliga ärliga och hederliga stämde inte så väl. Vid familjens hemkomst pågick den ena skandalen på hög nivå värre än den andra kunde man läsa om i tidningar och höra om på nyheterna. Hur kunde ett statsråd med höga inkomster på 2,4 miljoner och förmögenhet på 1,5 miljoner helt lagligt endast betala tio procent i skatt? Det var chockartat! Matilda och hennes man hade föreställningen att korruption, den existerade bara i fattiga länder. De hade ju levt i någon sorts bubbla och inte fått ta del av vad som hände i övriga världen. Nog var det en rejäl omställning.

När hösten kom fick Matilda omgående arbete som sjuksköterska inom hemsjukvården. Hon hade arbetat som distriktssköterska under de korta Sverigevistelser som låg insprängda mellan arbetsperioderna i Afrika och hade erfarenhet från öppen vård. Matilda kände sig förvirrad när hon presenterades för sina nya arbetskamrater. Ingen av dem kom fram till henne för att ta i hand och säga sitt namn. Var det hon som förväntades att gå runt och ta i hand? I Afrika hade alla gått henne till mötes, hälsat hjärtligt och pussat henne tre gånger på kinderna. Vilka regler gällde numera i Sverige? Hon stod där ganska förvirrad och förlägen och nickade vänligt mot sina blivande arbetskamrater. Tydligen var handskakning omodernt och man sa bara hej, hej.

Det skedde dramatiska omställningar inom äldrevården. Ett helt nytt program skulle införas. Politiker hade beslutat att alla äldre skulle bo kvar hemma i sitt eget hem och få service där. De skulle inte klumpas ihop med okända människor på servicehus eller ålderdomshem. Ja, varför inte, de flesta önskade ju att få vara kvar i sitt egna hem? De äldre utrustades med ett trygghetslarm som placerades runt armleden eller i ett band runt halsen. Via detta skulle de kunna få kontakt med en larmcentral bara genom att trycka på knappen om något allvarligt hände. I bostaden installerades ett högtalarsystem där larmcentralen kunde kommunicera med personen som larmade. Det tog tid innan personalen fick systemet att fungera tillfredsställande. På papperet lät det som en oerhörd förbättring, men i praktiken var det inte en modell som lämpade sig för alla äldre personer. Många hade svårt att ta sig ut på egen hand och träffa andra människor. De blev isolerade och som fångar i sitt eget hem. De enda människor de träffade var personal från hemsjukvården och det kunde vara väldigt många olika personer som dök upp.

De äldre som inte kunde laga sin mat själva längre fick tillsyn och matleveranser hem som skulle värmas, vilket en del inte klarade själva. Många behövde hjälp med påklädning och hygien samt hjälp med att lägga sig. Denna trend drevs till viss del in absurdum. Matilda undrade verkligen om det kunde vara någon ekonomi i detta system. Hon kunde till exempel få köra två mil på kvällen bara för att ge någon ögondroppar. Varför kunde hon inte få lära frun att ge dem?

Det var slitigt att jobba natt som joursköterska och långa vägar att köra på vintriga vägar. Matilda arbetade från 16.30 till kl 24.00 med jour i hemmet fram till morgonen. Det var svårt för Matilda att få ro att sova dagtid. Minsta barnet hade ännu inte börjat i förskolan och det var svårt att få tillgång till barnomsorg. Ibland blev hon fördröjd hos någon patient och kom hem på småtimmarna. Maken blev orolig. Tempot i Sverige var ett helt annat än Matilda var van vid. Alla människor tycktes leva under ständig stress.

Det som kändes mest meningsfullt i hennes uppgifter var den palliativa vården. Att människor kunde tillåtas få sluta sitt liv hemma i lugn och ro och få smärtstillande sprutor vid behov, och att se till att hjälpa anhöriga att vända och bädda om, när det behövdes för att den sjuke skulle få det så bekvämt som möjligt. Vid dödsfall kallades jourhavande läkare för att fastställa att patienten var död och skriva en dödsattest. Matilda hade nära kontakt med polis som fick hjälpa henne att bryta upp dörren när någon ensam person fallit på golvet, kanske fått en hjärtinfarkt eller stroke. Ambulans tillkallades och patienten blev väl omhändertagen.

Så kom vintern och snön! Luften var klar och kall. All smuts doldes av snön och det kändes friskt och rent. Mycket att skotta i garagenedfarten. En stor upplevelse för det yngsta barnet som inte hade några minnen av snö, även om hon själv var född under en otroligt snöig vinter i Sverige. Det fanns skidspår alldeles i närheten där de bodde. Matilda brukade ta längdskidorna och njuta av att komma ut i naturen när hon var ledig. Barnen tyckte det var jobbigt att klä på sig allt man behövde. Overall, vantar, tjocka tröjor som kliade, varma strumpor, mössor och tjocka vinterfodrade stövlar. Det tog en gräslig tid att få på sig allt. Men visst var det härligt med pulkabacken och att bygga snögrottor! De fyra årstidernas växlingar var fascinerande, men Matilda frös ända in i benmärgen. Hon trodde aldrig hon skulle bli varm mer. Det hade varit varmt och skönt och en jämn och behaglig temperatur alla dagar av året där de arbetat. Bara två olika årstider, regntid eller torrtid.

Vägarna blev opålitliga när Matilda skulle ta sig fram till sina patienter mitt i natten. Det var ju så mörkt! Billyktornas ljus lyste inte upp vägen mer än i mitten. Hon måste ständigt skrapa bilrutor. Men hon var oerhört tacksam över att ha ett arbete.

För hennes man var det betydligt svårare att få arbete. Han hade stått utanför den svenska arbetsmarknaden under sjutton års tid, tillhörde inte något fackförbund och hade inte något efterfrågat yrke. De kunskaper och färdigheter som så väl behövdes i missionsarbetet var inga meriter när han skulle finna ett arbete i Sverige. Under det första året efter hemkomsten hade familjen lön för att resa ut i olika kyrkor och informera om Mission. Men mannen fick istället tillåtelse av organisationen att arbeta med att utveckla sin idé om handpumpar för den fattiga världen. Han startade ett eget företag, hyrde lokaler och köpte in maskiner för att arbeta fram prototyper av sin pumpidé. Den lokala Rotary klubben blev intresserad av projektet och gick in och sponsrade för att tillverka en provserie av pumpar. Förlagan till pumparna prövades på Ölands högbrodel och fungerade som han hade önskat. Journalister från lokaltidningen var där och fotograferade och skrev om denna händelse. Pumparna i provserien, ett tiotal, blev installerade, några i Sydamerika och några i Etiopien, vilka enligt rapport fungerade väl. Men för att kunna komma igång med tillverkning skulle det behövas en stor organisation bakom och väldigt mycket pengar, eller att något företag som redan tillverkade pumpar, köpte idén för att vidareutveckla den och starta tillverkning i större skala. Trots alla försök att finna någon intressent blev det inget kontrakt. Kontakten med SIDA som hade verkat lovande misslyckades totalt. Inte heller där blev det något kontrakt. När året var slut behövde mannen finna ett arbete för att försörja sin stora familj. Så småningom fick han anställning som elektriker på ett elföretag. Men alla de uppoffringar som familjen fått göra, inte minst ekonomiskt, för att få fram pumparna innebar att många människor fick tillgång till rent vatten på de platser där provpumparna installerats och detta var en tröst när inte projektet kunde rulla vidare i stor skala.

2

Sissi, var en kvinna som Matilda träffat i tvättstugan några år tidigare i en by i Småland under en paus från arbetet i Afrika. De fann genast själarnas gemenskap och blev vänner för livet.

Sissi hade gift sig ung med en charmerande man och de fick tre barn tillsammans ganska tätt. Allt kunde ha varit underbart om inte mannen hade varit alkoholberoende och väldigt glad i andra kvinnor. De hade precis separerat efter bara 4 års äktenskap när Matilda och hon träffades. Sissi var en godmodig och glad kvinna och väldigt jordnära. Hon kämpade på som ensamstående mamma några år. Hennes g bakgrund och uppväxt var otroligt trasslig och kärlekslös. När Matilda lyssnade på hennes livsberättelse växte bilden av ett särbegåvat och periodvis oerhört deprimerat barn fram. Sissis föräldrar visste inte vad de skulle ta sig till med dottern. I skolan var hon otroligt stökig. Inne i hennes huvud var det alltid ett brus som från en bandspelare. Hörde inte alla barn samma sak i huvudet? Hon frågade sina kompisar men de förstod inte vad hon pratade om. Redan som trettonåring sysslade hon med avancerad droghandel och visste hur hon skulle tjäna pengar på denna. Hon blev en värsting i tonåren.

Hennes egna föräldrar klarade inte av att hjälpa en dotter som var så annorlunda. Polisen ingrep när hennes droghandel blev avslöjad och hon blev omhändertagen på ett flickhem. Därefter när hon precis fyllt fjorton, blev Sissi placerad långt bort från storstaden på landet i Småland i en fosterfamilj där fostermodern var oerhört sträng, ja faktiskt elak. När hon blev sexton år, prövade hon knark själv för första gången. Det hade en fantastisk effekt. Deppigheten var som borstblåst och en djup lyckokänsla fyllde henne, ja, hon trodde att hon skulle kunna erövra världen.

Läshungrig till max och supersmart men sällan närvarande i skolan. Trots frånvaron i skolan klarade hon realexamen med glans. I en stad bredvid där hon bodde sökte hon kontakt med de som kunde tänkas förse henne med droger. Hon mötte en kille som såg tillräckligt flummig ut och frågade.

– Jodå, nog visste han, men han svarade att Jesus finns. Han är bättre än droger. Han kan ge dig den kick du behöver!

Men Sissi undrade om det kunde vara så enkelt.

– Jovisst, djävulen finns också svarade killen.

Det pågick just då en väckelse bland drogmissbrukare i staden och flera hade blivit omvända och frälsta och fått ett nytt intresse i livet. Det hade just denna kille fått uppleva. Men Sissi blev inte imponerad eller intresserad.

Det hände dock något märkligt när Sissi var arton år. Hon hade bestämt sig för att pröva på att injicera amfetamin för första gången, väntade på att den underbara känslan av lycka skulle infinna sig, men inget hände. Sissi hade aldrig tänkt på Gud som lösningen för sina problem men nu slog tanken henne att honom hade hon inte prövat.

Hon säger högt,

– Gud. jag tror på dig.

Plötsligt händer det inom henne, hon blir omvänd, troende, och suget efter knark var helt borta i ett ögonblick. Hon blir frälst rakt in i hjärtat. Befriad. Salig.

Drogfriheten varar ett par år, sen träffar hon sin blivande man. Han är glad i sprit och Sissi börjar dricka och drickandet leder till att hon börjar ta droger igen, blir ofrivilligt gravid med sin man och tvingas göra abort på ett mycket skadat barn. Denna traumatiska händelse blir vändpunkten i parets liv. De beslutar att bli helt drogfria. Mannen är oerhört snäll och omtänksam, han ser alltid till att det finns mat hemma och att Sissi mår bra. Sissi och hennes man planerar för barn och Sissi har beslutat att hon absolut inte ska ta en droppe sprit eller några droger mer. Detta lyckas hon med under graviditeterna och barnens uppväxt. Bara tanken på att hennes barn ska se sin mamma drucken, gör att hon kan klara att hålla sig från allt. Men det är svårt att leva med en man som inte kan säga nej till alkoholen. Hon är rädd att hon själv ska börja igen. Att använda alkohol är också att vara drogberoende och inkörsporten till andra droger, det visste Sissi nog så väl av egen erfarenhet. Deras relation håller inte i längden. Sissi vill leva helt rent och som en kristen. Skilsmässan blir ett faktum och Sissi får ensam vårdnaden om de tre barnen.

Här möts Mathilda och Sissi i tvättstugan

3

Något nytt måste komma

Matilda blev efter ett år helt slutkörd av nattarbetet och den mörka vintern. Ingen läkare kunde diagnosticera vad som var fel. Det enda man kunde se var att hon aldrig fick någon variation i sin kortisolproduktion eller någon höjning av serotonin, pigghetshormonet. Det låg alltid på lägsta nivå och tröttheten var enorm. Idag skulle hon ha klassats som utbränd men det ordet existerade inte då. Att orsaken var D-vitaminbrist var det ingen som kom på eller kontrollerade. Matilda hade ju levt i ett klimat där det fanns sol nästan alla dagar under året. Nu sändes hon till en kuranstalt för behandling och hennes föräldrar ställde generöst upp för att ta hand om hem och barn. Nej, nattarbete var inte något för henne, det förstod hon snart. Något nytt måste hända. Hennes önskan om vidareutbildning växer stark. Det var så mycket nytt som hänt inom sjukvården, nya behandlingsmetoder och typ av medicinering och inte minst en hel del teknisk apparatur som gjort sitt intåg. Dessutom behövde hon ett arbete dagtid för att få det att fungera med fyrbarnsfamiljen. Hon skulle kunna få studiemedel beviljat, ekonomin borde vara löst. Yngsta barnet hade börjat i förskolan och Matilda lyckades få tag i en privat dagmamma som bodde på samma gata. Det förenklade livet en hel del. De äldre barnen klarade sig fint i skolan och hade fått många kamrater i klassen. De var med bland scouterna och i kyrkans ungdomsarbete. Hon visste att det skulle bli tufft att läsa på heltid samtidigt som hon skulle få allt praktiskt att fungera med barn och hem, men det var ju en begränsad tid. Matilda sökte in och blev antagen till barnmorskeutbildningen. Underbart! Detta skulle innebära en total omställning från att arbeta inom sjukvård och vård i livets slutskede, till att arbeta med friskvård och ta hand om nya världsmedborgare i starten av sitt liv, så oerhört livsbejakande!

Matilda börjar barnmorskeutbildningen på sin egen fyrtioårsdag, nyss hemkommen från kuranstalten. Vilken spännande dag! Utbildningen skulle pågå under tre terminer, teori varvat med praktikplaceringar. De flesta i kursen var i mogen ålder, men Matilda var äldst av dem. Det var oerhört intressant att få läsa i vuxen ålder. Samtliga kursdeltagare hade lång erfarenhet från sjukvården med sig, varför de nya kunskaperna hamnade på plats ganska snabbt. Matilda sög in allt som ett läskpapper. Själv hade hon fött fyra friska barn och var så fascinerad över hur reproduktionen överhuvudtaget kunde fungera. Nu fick hon fördjupa sitt intresse och sina kunskaper. Att ett barn blir till och kan leva och växa inne i kvinnans kropp, trots att det har en helt annan DNA- uppsättning är ett stort mirakel och ordet livmoder är så vackert och beskrivande, en moder som ger liv. Fotografen Lennart Nilssons dokumentation och bilder i boken *Ett barn blir till*, vilken utgavs första gången 1965, är helt makalös när det gäller att beskriva detta under i bilder.

Strax efter födelsen sker något alldeles omvälvande med barnet. Under och efter det ögonblick när alla väntar på att barnet ska ta sitt första andetag, ställs hela blodcirkulationen om i den lilla kroppen. I livmodern har barnet fått sin näring och syretillförsel via navelsträngen och moderkakan. Barnets och moderns blod blandas inte, de kan ha helt olika blodgrupper, men näringen passerar moderkakan som genom ett filter. Det syrerika blodet från moderkakan förs via en ven i navelsträngen förbi levern och direkt till barnets stora ven, vidare till hjärtat via höger förmak och genom en shunt (det ovala fönstret), också till vänster förmak. Blodet behöver inte passera barnets lungor, bara en viss del går direkt dit från höger förmak, men den största blodmängden passerar förbi lungorna via en förbindelse mellan lungpulsådern direkt till den stora kroppspulsådern. Återflödet till moderkakan sker via två navelartärer. När barnet passerar födelsekanalen trycks lungorna ihop och töms på fostervatten. Det blir ett undertryck som stimulerar barnet att ta sitt första andetag vilket minskar motståndet i lungorna.

Nu sker hela omställningen i barnets blodcirkulation. Förbindelsen mellan lungpulsåder och kroppspulsåder sluts och omvandlas till ligament. Blodet förs nu direkt via höger kammare till barnets lungor för att syresättas. Trycket i vänster förmak ökar och leder till att det ovala fönstret stängs successivt inom de närmaste timmarna. De tre kärlen, i sällsynta fall endast två, i navelsträngen övergår till ligament. När pulsationerna upphört i navelsträngen är det lämpligt att klippa den och separera mor och barn. Barnet syresätter nu sin egen kropp helt själv! Det finns en andlig dimension i födandet Många föräldrar beskriver hur de får en religiös upplevelse när de är med om sitt barns födelse, *Livets under*. Många män som inte är vana att gråta låter tårarna flöda fritt i dessa ögonblick.

4

Om HIV:s intåg i vården

Det blev dags för en praktikperiod på förlossningsavdelningen för Matilda. Den nya sjukdomen HIV/ AIDS hade precis dykt upp i Sverige, det allra första fallet -82, och just då visste man så oerhört lite om vad detta var för sjukdom och hur den smittade. Viruset fick benämningen HTLV lll. Sjukdomen AIDS beskrevs första gången i en vetenskaplig artikel i juni 1981. Artikeln handlade om fem homosexuella män i Los Angeles med en svår form av lunginflammation som normalt bara drabbar personer med kraftigt nedsatt immunförsvar. Richard McKay och hans medarbetare kunde då beskriva att HIV-viruset hade funnits i mer än tio år i USA.

Sighsten Herrgård var en av de första som gav sjukdomen ett ansikte i media i Sverige. Matilda kunde inte glömma hans framträdande i TV. Han berättade hur han tidigare varit gift och hade barn. Efter skilsmässan orienterade han sig till homosexualitet och blev partner till en annan man. Han trodde att det skulle vara lättare att leva med en man än med en kvinna. I TV berättar han helt frankt att det inte var lättare. Samma svårigheter uppstod i hans partnerskap som i hans tidigare äktenskap. Han uppmanade ungdomar att tänka sig för. Gräset är inte grönare på andra sidan staketet! Hans partner hade dött i AIDS och nu var han själv döende i samma sjukdom. Programmet berörde Matilda djupt. Hon skulle aldrig glömma Sighstens magra kropp och härjade ansikte. Hans sorgsna blick ur ögon som syntes trängde ut ur sina hålor och det allvarliga budskapet till hela svenska folket.

En hel del spekulationer och konspirationsteorier uppstod bland annat att sjukdomen spreds från apor i Afrika eller kunde det vara via myggor? I kyrkliga kretsar diskuterades på allvar att det var Guds straff till de homosexuella, med hänvisning till Sodom och Gomorra. Det står beskrivet i Gamla testamentet i Bibeln hur människor i dessa städer hängivit sig till skörlevnad och homosexualitet, varför Gud straffade dem genom att förgöra städerna i ett regn av eld och aska. Såsom vi förstår det idag måste det ha varit ett vulkanutbrott.

Pressen skrev om att USA tagit fram detta virus för att användas i krigföring, och så vidare. Det man kunde konstatera i Sverige var att sjukdomen spred sig med rasande fart bland unga homosexuella män och att den var dödlig. På radionyheterna kunde man lyssna till spekulationer som att anala samlag medförde att sperma kom in i blodet och att det blev en allergisk reaktion i kroppen. Men detta var endast hypoteser som tog sig galna uttryck. Ganska snart kom rapport om att sjukdomen överfördes sexuellt och också via blodsmitta. Framför allt skapade nyheterna stor skräck. Alla var rädda. Några unga läkare reagerade märkligt under Matildas placering på förlossningen. De sa till henne:

– Nu måste vi akta oss för dig, för du har ju varit i Centralafrikanska Republiken.

De talade med förakt om hur människor i Afrika kunde vara så sinnessjuka så de "knullade" med apor.

– Det märkliga är att människor redan för tvåtusen år sedan tycktes känna till att det kunde leda till sjukdomar om kvinnor hade sex med kvinnor eller män med män, kanske fanns HIV redan då?"

– Vasa, var har du fått det ifrån?

– Jo, det står märkliga saker i Bibeln som man kan fundera över, att om någon lever så dvs. i skörlevnad... Citat: *Så får de nu på sina egna kroppar uppbära sin villas lön.* Detta kan tolkas som att det hände något med kroppen, när de hade sex med det egna könet, men framför allt när lustarna tog över och ledde till ett promiskuöst liv.

– Hm, märkligt. Du kan visa oss var.

– Har ni själva testat er för sjukdomen? frågade Matilda nyfiket.

– Nej, nej det har vi inte.

– Då kan jag berätta att jag kanske är den enda här på avdelningen som **vet** att jag inte har HIV. Det provet togs vid den stora tropikundersökning som vi gjorde vid hemkomsten och jag är fullständigt frisk. Hur skulle jag annars kunna få arbeta här?

De blev alldeles tysta och förlägna. Matilda insåg att hon måste ha sett åtminstone en patient med denna sjukdom innan hon reste hem från Centralafrikanska Republiken. Matilda gick och letade upp en Gideonitbibel på avdelningen och fann stället hon hade citerat. Hon sökte rätt på de unga kandidaterna och lät dem själva läsa. Därefter pratade de vitt och brett till personalen om att Matilda hade jagat dem i korridoren med Bibeln i högsta hugg.

Överallt inom vården i Sverige blev man tvungen att skriva regler som skulle gälla om någon patient påträffades med HIV. Man hade förstått att sjukdomen kunde spridas som blodsmitta mellan sprutnarkomaner. Kvinnor som injicerade eller som levde i en relation med en bisexuell man riskerade att smittas och kunde i sin tur överföra sjukdomen till sitt barn under förlossningen. Infektionsmottagningarna blev ansvariga för att ta hand om dessa patienter och smittspåra varifrån sjukdomen kommit precis som andra smittfarliga sjukdomar. Detta var unikt för Sverige. De andra nordiska länderna följde inte efter. AIDS delegationen startade under våren -85 och med denna en stor informationskampanj. Under 80-talet fanns det inga effektiva mediciner och forskningsmedel satsades för att få fram bromsmediciner.

Man beslutade att gravida kvinnor kunde vara en målgrupp för allmän screening eftersom de allra flesta gravida gick till mödravårdsmottagningar. Blodgruppering och annan typ av screening fanns redan införd i mödravårdsprogrammet och det var lätt att lägga till ytterligare en blodanalys. Rigorösa regler infördes hur personalen skulle skydda sig under en förlossning av en HIV smittad kvinna. Man beslöt också att kejsarsnitt skulle utföras om möjligt för att minska risken att barnet kunde bli smittat under en vaginal förlossning. Personalen skulle klä sig i dubbla skydd, det vill säga dubbla skyddsrockar, dubbla handskar och visir. Ingen fick gå ut och in i förlossningssalen, allt skulle hanteras enligt allvarlig smitta direkt inne på salen och avfall skulle läggas i gula säckar för smittförande materiel. Mamman skulle inte heller amma sitt barn eftersom HIV kunde överföras via bröstmjölken. Egentligen var blodprovstagning under graviditet frivillig men alla motiverades till att ställa upp. Inför risken att bli omgiven av personal som såg ut som rymdvarelser med skyddsutrustning och visir under förlossningen, gick gravida kvinnor med på att HIV- testa sig.

I kyrkor diskuterades det på allvar om HIV kunde smitta vid handskakning eller då man delade nattvardskalk. Därför infördes i flera kyrkor så kallad särkalk. Var och en fick vinet serverat i ett miniglas istället för att dricka ur en gemensam kalk. Matilda hade vänner som berättade om dilemmat i deras egen kyrka. Ett missionärspar som tillhörde kyrkan hade kommit hem till Sverige eftersom frun var sjuk. Det visade sig att både mannen och kvinnan var smittade med HIV. Frun hade vårdats på ett sjukhus i Afrika efter en allvarlig bilolycka med stor blodförlust och via en blodtransfusion hade hon ovetande blivit smittad med HIV, varefter hon smittat sin man. Några bromsmediciner hade man ännu inte fått fram och därför visste de med säkerhet att de båda skulle dö och lämna tre barn föräldralösa. Församlingsmed-lemmarna kände obehag och osäkerhet om hur de skulle bete sig gentemot familjen. Vågade man ta dem i hand eller krama dem? Alla var rädda att bjuda hem dem eller umgås normalt med paret.

Flera år senare skulle Matilda få veta hur en forskare i USA vågat berätta sanningen om hur HIV-viruset hade spridits i USA. Vid framställning av vaccin mot hepatit användes alltid apor från Asien som mellanvärdar. Eftersom det var en tillfällig brist på apor från Asien beslöt läkemedelsföretaget ta in makaker från Västafrika. Vid kontrollerna fann man en okänd faktor(HTLV3), hos det vaccin som framställts från de afrikanska makakerna. Ledningen beslöt trots detta att vaccinet skulle användas. En stor vaccinationsdrive riktad till homosexuella och sprutnarkomaner genomfördes med följden att homosexuella och narkomaner fick vaccin som innehöll HIV- virus, när meningen var att skydda dem för hepatit. Dessa fakta har senare mörkats och forskaren som tog bladet från munnen, blev tvungen att sluta sitt arbete och blev ålagd tystnadsplikt.

5

Förlossningen

De flesta dagar på förlossningen var fyllda av glädje och liv. Men det kunde hända otroligt dramatiska saker helt plötsligt. Man visste aldrig hur dagen skulle se ut. Som barnmorska kunde man bli tilldelad fler än en födande kvinna samtidigt. En dag när Matildas handledare var upptagen under en förlossning blev hon tvungen att ta ansvar för en förlossning helt på egen hand. När Matilda ser lite närmare på paret inser hon att mannen är en bekant från ungdomsåren och det känns extra skakigt. Kvinnan säger att hon önskat att hon skulle få en kristen barnmorska och blir glad när hon förstår att så är fallet. Förlossningen gick fint framåt tills det är dags att krysta. Då var kvinnan väldigt utmattad och hade ingen energi kvar. Matilda förstod att här behövdes det extra hjälp. Jourläkaren kom och hjälpte till att lägga en sugklocka och strax kom huvudet fram, och hon fick ta över och avsluta förlossningen. Stämningen var andäktig, ja himmelsk. Läkaren dröjde kvar respektfullt innanför dörren och blev tagen av situationen när barnet lades på mammans bröst samtidigt som kvinnan uttryckte: Tack Gode Gud!

Den dagen gick Matilda hem till de sina med lätta steg.

Det var viktigt att lägga barnet till bröstet och komma igång med amningen direkt efter födseln. Barnet var ofta piggt och ivrigt just då och fick lättare tag om bröstvårtan. Därefter kom en bricka med blommor, flagga, kaffe och goda smörgåsar in. Det blev fest! Två timmar efter förlossningen var det dags för babyns första bad. En riktig högtidsstund för familjen. Ofta ville pappan göra detta, medan mamma och syskon såg på. Papporna var så varsamma och försiktiga och lite osäkra på hur de skulle hålla barnet i vattnet. De flesta barn gillade badet och låg och log i det varma vattnet, medan de kärleksfullt blev tvättade rena från allt blod och fostervatten. Barnet vägdes och mättes och naveln sköttes om. Praxis att droppa lapislösning i barnets ögon användes fortfarande på denna klinik, men föräldrarna fick själva välja om det skulle göras eller inte. Att använda lapislösning skulle skydda barnet från att bli blint i de fall där modern hade gonorré och barnet smittats under förlossningen. En gammal förlegad rutin. Matilda visste att barnets ögon sved grymt när de blev etsade och mor-barn kontakten stördes de närmaste dagarna. Matildas egna barn hade inte fått lapis, eftersom hon själv bestämt sagt ifrån. Här verkade ingen känna till forskaren Vivian Wahlbergs resultat som hade fått Socialstyrelsen att ta bort föreskriften redan -82.

Matilda råkar höra en kollegas dilemma. Föräldrarna hade tackat nej till lapisering. Efter ett tag kommer pappan ut med barnet och säger att Jo, han önskar att barnet får lapis, men vill inte att frun ska få veta. Det kryper fram att mannan varit otrogen och naturligtvis vill han inte riskera att barnet blir blint. Kollegan försöker förklara att om han hade blivit smittad och smittat sin fru med en eventuell gonorré, så skulle de märkt det. Man får symtom. Dessutom kunde vi noga observera barnets ögon och se om det skulle uppstå tecken på en ögoninfektion och i så fall odla och behandla. Pappan känner sig inte lugnad. Han insisterar att lapislösningen ska ges. Matilda bara skakar på huvudet när hon hörde alltsammans. Hur skulle nu de nyblivna föräldrarnas relation fungera om det fanns hemligheter?

Ibland hände det att något syskon var med under förlossningen. Föräldrarna hade inte fått tag i någon barnvakt. Det var ett par pojkar som satt i väntrummet under tiden deras mamma födde. Den äldre sa till den yngre att han visste precis hur barn blev till.

– De gör det på natten. Pappan stoppar in sin snopp och lägger ett frö i mamma.

– Oh, varför fick jag inte se det? Varför väckte inte pappa mig?

Därefter följde en lång charmerande utläggning om ägget från mamman som möter spermien från pappan. Vi kunde inte låta bli att le när vi hörde dem. När det var dags för babyn att komma ut fick pojkarna gå in i förlossningssalen. Häpna såg de på hur deras lillasyster föddes.

– Men mamma, mamma, hon är ju helt naken!

En dag hände det Matilda något alldeles förfärligt. En födande kvinna behövde få ett dropp med värkstimulerande medel. Droppet blandades på rätt sätt och kopplades igenom en infusionspump som skulle reglera dropptakten. Slangarna som användes var så korta att man var tvungen att koppla ihop två stycken med en kran emellan. Allt såg ut att fungera normalt, men Matilda noterade efter en stund att slangen från droppflaskan ovanför pumpen hade utvidgat sig. Pumpen hade inte larmat att det var stopp någon stans i tillförseln. Matilda påtalar det hela för ansvarig barnmorska och undrade om droppet verkligen gick in. Barnmorskan kontrollerade men kunde inte finna något fel. Matilda hämtar chefsbarnmorskan och ber henne att kontrollera. Inte heller hon finner något fel. Då upptäcker Matilda att en kran i mellanstycket är stängd och vrider den rätt. Droppet går in för fort. Kvinnans livmoder drar ihop sig i en kraftig värk. Fosterljuden fortsätter att vara normala och Matildas handledare skyndar att ge medel som motverkar för kraftiga värkar, en så kallad antidot. Förlossningen blir helt okomplicerad. Matilda försökte förklara i detalj för chefsläkaren vad som hänt. Apparaten hade inte larmat och dessutom släppt igenom en större mängd än den var inställd på! Det var ju det stora bekymret. Denna allvarliga incidens ledde till att man bytte ut samtliga infusionspumpar och droppräknare på förlossningen, samt köpte in långa slangar som inte behövde skarvas eller kopplas ihop.

Matildas lärare Nina gick hårt ut mot henne efter händelsen.

– Vet du om att denna kvinna är intagen på *dårhuset* nu? Detta är du orsak till! Hon blev så rädd under förlossningen så detta har utlöst en förlossningsdepression.

Matilda förstår ingenting. Att kvinnan hamnat på psykkliniken hade hon inte hört.

– Så du tror inte på att antidoter är verksamma? frågade Matilda. Det blev ju en alldeles normal förlossning, tack och lov!

Nina sitter tillsammans med Matilda i ett rum och fullkomligt fräser ur sig sin ilska mot Matilda. Hon vågar inte tänka på vad som kunde ha hänt, barnet kunde blivit påverkat och förlossningen dramatisk, kanske avslutad med ett kejsarsnitt. Hon är så tacksam att barnet mår bra och att förlossningen förlöpte normalt. Denna incident kan omöjligt vara den enda orsaken till kvinnans förlossningsdepression tänkte Matilda medan hon plötsligt blir medveten om att hon själv gör korstecknet gång på gång över sin panna under tiden som Nina öser över henne förfärliga anklagelser. Ju lugnare Matilda är ju argare blir Nina.

– Begriper du inte vad du gjort?

Senare fick Matilda veta att den födande kvinnan hade haft psykiska problem sen ungdomen och medicinerade för det. När hormonerna svänger i samband med en förlossning kan en depression lätt utlösas. Men Matilda var chockad och undrade om hon skulle klara av att fortsätta sin utbildning. Kurskamraterna uppmuntrade och stödde henne.

När Matilda kommer hem sätter hon sig vid elorgeln och spelar Luthers psalm: *Vår Gud är oss en väldig borg.* Spelar nej, hon hamrar på orgeln vilken har två manualer och fotpedaler. Det låter som om hon spelar i kyrkan och sjunger de starka orden: På Honom i all nöd och sorg, vårt hopp vi vilje bygga. Mörkrets furste stiger ner, hotande och vred, han rustar sig förvisst, med våld och argan list." De murriga tonerna från fotpedalerna fyller nu hela rummet och man kan höra mörkrets makter rulla in och så avslutar hon med de ljusa tonerna på översta manualen i *Likväl vi oss ej frukte.* Hon sjunger den om och om igen, tills hon känner att ondskan har lämnat och friden fyller hennes hjärta och sinne.

Omskärelse av pojkar. Ett par som var muslimer önskade få sin nyfödde gosse omskuren på BB- avdelningen. Det var en barnläkare som brukade göra detta ingrepp. Matilda kallade barnläkaren. Han gjorde ingreppet med van och skicklig hand. Det blev inte någon större smärtsam process för barnet. Men han skakade på huvudet och tyckte att det han gjorde var ett helt onödigt ingrepp på ett litet välskapat barn. Det fanns inte någon trång förhud i detta fall. Om så hade varit fallet hade han gjort ingreppet av medicinska skäl. Matilda lusläste Socialstyrelsens föreskrifter angående omskärelse av pojkar. Det stod mycket riktigt att barnläkare var skyldiga att göra detta ingrepp om föräldrarna så önskade, också när det inte fanns något medicinskt skäl.

Några år senare skulle Socialstyrelsen fatta ett ödesdigert beslut och tillåta att icke medicinsk personal utförde omskärelsen när det fanns religiösa skäl. Det beslutet gäller tyvärr fortfarande! Rapporter om skadade små pojkar blev synliga både i massmedia och i medicinsk litteratur. Nej omskärelse av både pojkar och flickor borde vara absolut förbjudet. Matilda kunde inte förstå Socialstyrelsens beslut och inte hur religiösa ledare förespråkade att ändra på vad Gud eller Allah hade skapat.

6

Mödravård

Fram till 1935 hade barnmorskornas arbete varit fokuserat på förlossningsvård. Men enligt medicinalstyrelsens förslag skulle alla kvinnor erbjudas mödravård. Hemförlossningar blev institutionsförlossningar och antibiotikan hade gjort sitt intåg. Allt detta minskade mödra- och barnadödligheten drastiskt. Det visade sig att den införda mödravården med barnmorskor som ansvariga var den åtgärd som minskade mödradöden allra mest. Barnmorskorna arbetade med ett holistiskt perspektiv och med hela familjen. De blev riktiga hälsoupplysare och var snara till att snappa upp om det rådde missförhållanden eller extrem fattigdom i familjen. Efter 1981 blev mödravården införlivad med primärvården och omfattade graviditetskontroller fram till förlossningen och vård till och med den tolfte veckan efter.

Under mödravårdsbesöken utfördes enkla kontroller, blodtrycksmätning och urinprov för att notera varning om hotande havandeskapsförgiftning eller en uppseglande graviditetsdiabetes. Barnets tillväxt kontrollerades genom att mäta livmoderns storlek i centimeter med ett vanligt måttband, vilket fortfarande görs. Mätningen sker från blygdbenskanten, *symfysen,* och till livmoderns översta kant*, fundus.* Det kallas SF mått, *symfys-fundus mått.* Måtten jämförs med standardmåtten i en graviditetskalender som visar förväntad tillväxt i varje graviditetsvecka. Dessa tre till synes så enkla observationer, det vill säga blodtrycksmätning, urinprov och SF-mått kunde göra stor skillnad. Vid avvikelser från det normala hänvisades modern till sjukhuset för ytterligare utredning och åtgärder. Så enkla kontroller kunde absolut utföras också i fattiga länder och göra skillnad, tänkte Matilda.

Att ta hand om gravida kvinnor och förbereda dem och den blivande fadern inför sin förlossning var roliga uppgifter som Matilda trivdes med.

De flesta gravida var friska vid inskrivningen och kom tillsammans med sina män, i varje fall om det var första barnet. Det var ett utmärkt tillfälle att nå de unga blivande föräldrarna och påverka dem till en hälsosam livsstil, utan alkohol och tobak, så kallade hälsosamtal. Matilda skulle i ett frågeformulär fylla i de blivande mödrarnas alkoholvanor. Dessa uppgifter skulle införas i journalen. Chefen för barnkliniken hade föreläst i barnmorskekursen om alkoholens skadliga inverkan på det väntade barnet. Han hänvisade till och med till Bibeln där det står att en gravid kvinna måste helt avstå från alkohol under graviditeten, för att barnet inte skulle födas med alkoholskador. Livsmedelsverkets rekommendationer till blivande mödrar skrev i sin broschyr, att ett glas vin inte skulle göra någon skada. Vem skulle mamman förlita sig på?

Matilda skulle också fråga kvinnan om hon var utsatt för våld i sin nära relation. Det fanns män som reagerade negativt på sin frus graviditet och kvinnor hade misshandlats både psykiskt och fysiskt. Till och med blivit sparkade i magen, fått blödningar med efterföljande missfall också i sen graviditet. Det var känsligt att fråga och svårt att veta om man kunde få ett ärligt svar. Alla erbjöds att göra en ultraljudsundersökning i graviditetsvecka 17. Syftet när metoden infördes under 80-talet var att se om det fanns tvillingar eller om moderkakan var lågt sittande samt beräkna om förlossningsdag kunde stämma med kvinnans egen beräkning och sista mens. Om barnet föddes för tidigt, var kunskapen om graviditetsvecka viktig, för att rätt ta hand om barnet. Dateringen gjordes också för att kvinnan inte skulle gå över tiden för länge, utan sättas igång vid behov, eftersom barnet lade på sig i vikt under extraveckor under en graviditet. Det var mycket populärt och underbart för de blivande föräldrarna att få se sitt barn på ultraljudsskärmen. Att se det lilla hjärtat slå, och förstå att det var ett barn i magen, och att till och med få ett foto på barnet. Ultraljudstekniken har senare utvecklats enormt och är numera 3- dimensionell. Man har möjlighet till att göra komplicerad hjärtdiagnostik och också se mindre missbildningar såsom till exempel läppspalt.

De flesta kvinnor visste när de blivit gravida, men ibland kunde det bli knivigt att beräkna förlossningsdatum. En ensamstående kvinna sitter framför Matilda och berättar att det finns två möjliga fäder. De hjälptes åt med att försöka räkna ut när kvinnan hade varit i fruktsam period under hennes senaste menscykel, och om det stämde att hon var tillsammans med någon man just då. Hm, i den här kvinnans fall hade hon haft sex med två män under den fruktsamma perioden innan graviditetstestet visade positivt.

– Det visar sig när jag föder barnet. Om barnet är färgat eller vitt.

– Vet du var männen finns?

– Nej inte den man som är mörk.

Matilda förklarade rutinerna för faderskapsbestämning. Oavsett hur det blir, är det bättre att vi startar en faderskapsutredning redan nu så att blodprover kan tas på barnet i navelsträngen när det föds.

- Du kan kontakta familjerätten som kan ordna det juridiska.

Kvinnan såg genast när hon födde sitt barn att barnafadern måste vara nordisk. Hon tyckte hon hade tur eftersom hon visste hur hon skulle få kontakt med honom. Det var en man som var gift och hade familj. Denne erkände faderskapet och barnet skulle i framtiden få en chans att veta vem som var den biologiska pappan och även få en relation till honom.

Nina kommer för att handleda Matilda på mödravården. Hon vill dela en hemlighet.

– Jo, jag undrar om du kan hjälpa mig att finna fosterljud, jag är i vecka 11, säger Nina i största förtrolighet.

Nina lägger sig på britsen och Matilda börjar söka med doptonen långt ner. Efter lite sökande fylls rummet av det ljuvliga ljudet från ett litet fosterhjärta som slår med fasta och bestämda slag. Båda drar andan av glädje och förundran. Jodå, det lilla livet lever där inne! Tänk att kunna höra hjärtat så tidigt, innan graviditeten syns utanpå och innan kvinnan ens känner sig gravid, hon mår ju bara illa. En hisnande upplevelse.

Barnmorskehänder. Det är inte alltid så lätt för en barnmorska att med bara sina händer som redskap kunna fastställa hur barnet ligger i magen. De flesta barn vänder sig med huvudet neråt i graviditetsvecka 35-36. Vad är det här då? Kvinnan Matilda undersöker ser stor ut för att bara vara i vecka 32. Matilda palperar runt livmodern och finner två hårda fosterdelar och även en tredje lite mindre hård. Hm, det här var knivigt.

– Jag måste känna efter lite extra var jag tror jag kan finna fosterljuden, säger hon till kvinnan. Jodå, strax under en av de hårda fosterdelarna får hon in hjärtslag på 155 per minut, jämna fina slag.

– Jag måste lyssna också här, säger Matilda och sätter doptonen på sidan under den andra hårda delen hon känt. Jovisst, där fanns hjärtslag, som var betydligt långsammare mellan 136- 140, alltså olika rytm.

– Vet du, jag tror att du väntar tvillingar.

– Oj, då vilken överraskning, svarar kvinnan när den första chocken lagt sig. Jovisst har det varit fullt hålligång och jag har känt sparkar precis överallt.

Var det ingen som såg det när du gjorde Ultraljudet?

– Nej det fanns ingen misstanke att det var två.

34

– Vänta här på britsen, jag hämtar min kollega.

Kollegan kommer och jodå, det stämmer. Två olika fosterljud hörs och visst kan hon också känna två huvuden. Barnen verkade må utmärkt.

– Kan jag få låna telefonen och ringa min man?

– Javisst, gör det, och säg åt honom att komma upp till Ultraljudsmottagningen direkt, för du får gå dit nu.

Därefter kommer det unga paret in till Matilda. De hade gått på föräldrautbildningen och verkligen förberett sig inför förlossningen. När Matilda söker efter fosterljuden, finner hon inga. Hon blir kallsvettig. Känner efter hur barnet ligger, jodå alldeles perfekt med huvudet ner. Hjärtslagen borde höras just här, men det gör de inte. Inte ett ljud från doptonen.

– Har du känt om barnet sparkar? frågar Matilda.

– Jo det brukade hon göra väldigt tydligt. Jodå, igår kväll sparkade det, men nu på morgonen hade det varit lugnt.

– Jag vill sända dig till förlossningen för kontroll, säger Matilda, ibland kan moderkakan ligga för, så det är svårt att höra barnets hjärtslag med doptonen.

Hon ser att de båda föräldrarna förstår att det är allvarligt. När de gått ringer hon förlossningen och berättar att paret är på väg. Sen sätter hon sig ner och bara gråter. Nu har det obegripliga hänt, ett barn har dött i magen strax före förlossningen, och ingenting kunde hon ha gjort för att förhindra det. Mamman var helt frisk och barnet hade vuxit som förväntat.

Nina hade under teoridelen förstått att Matilda var kristen och att hennes inställning till att medverka vid abort inte var odelat positiv. Matilda hänvisade till barnmorskans etiska kod vilken innebär att rädda liv, abort kunde bara i vissa fall räknas som en livräddande åtgärd, när moderns liv var i fara och barn riskerade

35

att bli moderlösa, inte minst i de fattiga länderna. Kunde Matilda överhuvudtaget bli barnmorska om hon inte ville medverka i en abort? Jo, just då var det möjligt, med hänvisning till samvetsklausulen, men nu i skrivandets stund är det inte så enkelt.

När börjar det mänskliga livet? Vid befruktningen? Eller när fostret är livsdugligt? När blir fostret ett barn? Gränsen som gällde då på 80-talet var när fostret var fullgångna tjugoåtta veckor. Denna gräns har successivt förskjutits eftersom man numera kan rädda för tidigt födda barn redan i graviditetsvecka tjugotre. Enligt Världshälsoorganisationen, WHO, är ett foster ett barn när det finns livstecken, och är fött i fullgångna tjugotvå veckor, eller med en födelsevikt på 500g. De flesta länder har antagit denna definition, men inte Sverige. Det finns dock ett förslag Från Statens Medicintekniska Råd, om en ändring av registreringen av barn i Folkbokföringen från tidigare den tjugoåttonde till den tjugoandra havandeskapsveckan. Rådet konstaterar att *en sådan ändring inte står i konflikt med abortlagen och inte heller påverkar hur den tillämpas.*

Dessa riktlinjer känns mycket angelägna inte minst för barnläkarna, och hur de ska hantera aborterade foster som uppvisar livstecken. Debatten var då, och är också nu, rykande aktuell.

Samvetsfrihet inom vården skyddas av Europa konventionen och av den svenska abortlagen. Därför blir det problematiskt när politiker från flera partier talar om att vara *emot* samvetsfrihet, eftersom de då är emot gällande lagstiftning, skriver professor Reinhold Fahlbeck. Vi har just nu aktuella domstolsförhandlingar när det gäller två barnmorskor som hävdar sin samvetsfrihet i Sverige.

Abort i Sverige blev lagligt 1938 om graviditeten utgjorde ett allvarligt hot mot kvinnans liv, om hon blivit med barn genom våldtäkt, eller om det fanns en risk för allvarliga skador eller sjukdomar hos mor eller barn. Illegala aborter minskade drastiskt när det inte längre var straffbart att göra abort. 1963 lades fall med allvarliga fosterskador till. Nu ställdes sjukvården inför utmaningar med svåra etiska dilemman. Varje enskilt fall skulle gå igenom en komplicerad utredningsprocess, med fostervattenprov eller prov från moderkaka. Alla kvinnor äldre än trettiofem år erbjöds fostervattenprov efter vecka femton. Syftet var att finna foster med ett öppet ryggmärgsbråck eller med en kromosomförändring som man då kände till, till exempel trisomi 21, vilket betyder Downs syndrom som ofta var och är förknippat med medfödda hjärtfel. Att redan före förlossningen veta om att barnet hade ett öppet ryggmärgsbråck eller ett hjärtfel innebär att rädda liv. Mamman får föda på ett specialsjukhus där barnet kan opereras omedelbart i samband med förlossningen. Men att ta reda på om fostret har en kromosomrubbning och i så fall erbjuda abort, upplevde Matilda stred mot hennes tro.

Fosterdiagnostik var på både gott och ont. Motiveringen till fosterdiagnos, som då erbjöds till kvinnor äldre än 35 år, var att valmöjligheten skulle innebära en frihet, från vad? eller till vad? Var inte ett barn med Downs syndrom välkommet? Matilda fick lämna en saklig information om hur provtagningen gick till och att den i sig också innebar en risk för missfall. Hon upplevde att detta erbjudande om fosterdiagnostik inte upplevdes som en frihet av de blivande föräldrarna. Istället innebar det en svår beslutsångest för kvinnor och män. Det påverkade parets relation om man och kvinna hade olika uppfattning. Tänk om det blev missfall? Barnet var kanske *friskt* och detta var deras enda chans att få ett barn?

Numera erbjuds ett blodprov till kvinnor i alla åldrar ett så kallat KUB test. Ett blodprov som ger en indikation om det kan finnas en kromosomrubbning hos barnet. I så fall erbjuds ett fostervatten-prov i graviditetsvecka 18-19. Detta innebär att kromosom-rubbningar och andra fosterskador fastställs sent, provsvaret tar en vecka, de blivande föräldrarna måste få tid att tänka över sitt ställningstagande och en eventuell abort genomförs sent. Läkaren måste ansöka om tillstånd från Socialstyrelsen, och graviditeten är nära den gräns där fostret enligt lag är ett barn. Kvinnan har redan då känt barnets fosterrörelser i magen. Det är en liten fullt utvecklad människa med en vikt på 300-350g. Kvinnan får ta tabletter som stryper tillförseln av näringen från moderkakan till barnet, därefter genomgår hon en vanlig förlossning. Paret blir ofta chockat över att det är ett *barn* som kommer ut. Det händer att det aborterade fostret lever och det läggs bara i en rondskål i sköljrummet där det lämnas att dö. Personalen har fortfarande mycket svårt för att hantera denna situation. Hur kan man hantera mänskligt liv på detta sätt? Om samma sak hade skett med ett djur hade djurrättsföreningen reagerat och storyn hamnat på första sidor i tidningar. Med ultraljudets intåg och utveckling blev det möjligt att finna skador tidigare. Medicinska aborter infördes och de flesta utförs numera tidigt, före graviditets vecka 9, och ofta i hemmet.

Samma år som Matilda födde sitt tredje barn tillkom den nya nu gällande abortlagen och den trädde i kraft i januari 1975. Den innebär att varje kvinna skall ha rätt att själv besluta om, och få möjlighet till att göra en abort fram till graviditetsvecka arton, och i särskilda fall beviljas abort via Socialstyrelsen fram till vecka tjugoett plus sex dagars graviditet. Tillstånd till sen abort får inte lämnas om det finns anledning att antaga att fostret är livsdugligt utanför livmodern.

Matilda ansåg att det var bra med den nya abortlagen och att kvinnor inte längre behövde resa till Polen för att utföra abort eller hänvisas till illergala abortörer. Det fanns alltför många tragedier i det förflutna. Hon kunde dock inte förstå varför vi inte antog samma regler som i de övriga nordiska länderna, där kvinnans eget beslut endast gällde fram till graviditetsvecka tolv eller fjorton. Ju tidigare en abort utförs desto bättre och mindre risk för komplikationer eller trauma för kvinnan. Det var gynekologerna som hade ansvaret för alla aborter under denna tid. Matilda tvekade inför att själv kunna medverka i utförandet. Hon skulle kunna undvika detta dilemma genom att aldrig söka arbete på en gynmottagning där alla aborter utfördes.

Det var inte alltid kvinnor blev glada när graviditetstestet visade positivt. Matilda mötte också dessa *oönskat gravida* kvinnor. Ett barn skulle verkligen bli svårt att ta hand just nu i livet, menade några. Dålig ekonomi, mitt uppe i studier, ingen partner, inget eget boende och så vidare. Matilda bokade tid hos kuratorn för dessa kvinnor. Hon försökte få dem att fundera över hur livet skulle bli om de trots omständigheterna valde att bli mamma, och uppmuntrade dem att komma tillbaka för samtal oavsett om de fortsatte graviditeten eller valde att avsluta den.

Kvinnan som uppsöker mottagningen har nyss genomgått en abort. Hon behöver samtala om det hon varit med om. Fem år tidigare hade hon blivit ensamstående mamma. Hon blev ofrivilligt gravid och mannen bara lämnade henne, för att han inte ville ha barn. Nu hade hon träffat en underbar man och de planerade en framtid tillsammans. Han var så kärleksfull både mot henne och den lilla dottern. Så händer det igen, hon blir ofrivilligt gravid. Hon vågar inte berätta det för sin fästman, för hon är rädd att bli lämnad ensam igen. Därför beslutar hon sig för att göra abort, utan att berätta det för mannen. Ett beslut som hon nu ångrar.

– Hur ska jag kunna leva med det beslut jag gjorde? Han hade säkert blivit glad för att bli pappa.

Matilda tar hennes hand och säger kärleksfullt:

– Du är förlåten. Nu behöver du förlåta dig själv.

Kvinnan ser upp, hennes ansikte spricker upp i ett stilla leende.

– Det gör ont, det kommer att ta tid, men mannen som älskar dig kommer också att förstå och förlåta.

Preventivmedelsrådgivning var inte så enkelt. Det fanns många faktorer att ta hänsyn till. Kvinnors kultur och religion spelade in i valet av preventivmetod. De var inte alltid fria att göra ett eget val, utan mannen och familjen styrde. P-piller och spiral var inte alltid accepterat hos invandrarfamiljer. Kunde en barnmorska skriva ut p-piller och sätta in spiraler i hemlighet? Tänk om mannen upptäckte detta? Hon försökte få kvinnan att ta med sig mannen för att samtala om preventivmedel.

I katolska kyrkan var och är det helt förbjudet att använda preventivmedel. Det jämställs med som att kvinnan gör abort och abort är absolut fel i deras teologi! I frikyrkliga kretsar var det inte heller okontroversiellt. Hade vi människor rättighet att ingripa i vår fruktsamhet? P-pillren hade vid denna tid funnits i Sverige under cirka tjugo års tid och spiralerna lika länge. Det var en välsignelse tyckte Matilda, att det fanns fler och bättre preventivmedel än bara kondom och pessar som det var när hon själv var ung. Hon hade själv prövat p-piller mellan sina barnafödslar men fick blodpropp av dem. I massmedia blossade debatten upp gång på gång om nackdelar och risker med p-piller och man menade att användning av spiral innebar att kvinnan gjorde en abort varje månad eftersom ett befruktat ägg hade svårt att fästa i livmodern. Hon vill ha visshet och läser noga på hur spiralen fungerar och blir förvissad om att det är ytterst sällan en graviditet inträffar, spermierna orkar inte fram till ägget. När en spiral finns i livmodern blir det en främmande kroppsreaktion. Vita blodkroppar produceras i stort antal och stör både uppbyggnad av livmoder- slemhinnan och produktionen av de fruktsamma sekreten. Dessa bildas i livmoderhalsen under några få dagar under varje menscykel. Om det inte finns fruktsamt sekret, dör spermierna snabbt i den sura miljön i slidan. För att bli gravid måste det finnas en normal ägglossning, men också en normal sekretproduktion som ska hålla spermierna vid liv. Vid spiralanvändning påverkas sekreten, och spermiernas rörlighet blir sämre. Det är sällan att någon spermie överlever.

På förlossningsavdelningen hade Matilda mött en barnmorska som hade vägrat sätta spiral på grund av samvets-betänkligheter. Hennes och en kollegas ärende hade gått till domstol innan de fick beviljat att erhålla sin barnmorske-legitimation och kunde åberopa den samvetsklausul som gällde då. I den föregående barnmorskekursen, med samma lärare, var det en elev som inte blev godkänd av samma orsak.

Matilda kände sig övertygad om att hon skulle kunna sätta spiraler utan några samvetsbetänkligheter. Att använda spiral eller preventivmedel var inte det samma som att genomföra en abort. Hon trodde på att kunskap och information skulle kunna sänka de höga abortsiffrorna i Sverige, men då måste kvinnor få tillgång till säkra preventivmetoder! Det var så hon ville arbeta. Hon påminde sig alla de gånger i Afrika när kvinnor dött på grund av ofrivilliga graviditeter, osäkra aborter och för täta förlossningar. Hur många gånger hade hon inte önskat att hon hade haft preventivmedel att erbjuda kvinnor! Hon mindes 13-barnsmamman som blev tvungen att göra kejsarsnitt och samtidigt blev steriliserad enligt hennes egen önskan. Ett gott beslut. Men inte hade hon den ringaste aning om där och då att hon under sitt yrkesliv skulle fokusera just på familjeplanering, skriva uppsatser och böcker i ämnet samt sprida kunskapen om Naturlig Familjeplanering (Billings-metoden) både i Sverige och i Afrika.

En dag sitter en prästfru framför henne och gråter. Hon berättar att hon har en spiral och känner sig skyldig efter alla skriverier i tidningarna.

– Är det verkligen sant att jag gör en abort varje månad?

– Nej, nej så är det inte. Har du lagt märke till om du känner dig våt och har ett sekret som ser klart och genomskinligt ut mitt emellan menstruationerna?

- Jodå, jag vet vad du menar. Det brukar jag lägga märke till.

- Det är under dina fruktsamma dagar som du har detta sekret och det är bara då du kan bli gravid. Avstå från samlag när sekretet är där. Prästfrun blir oerhört lättad och ger Matilda spontant en varm kram medan hon tackade för detta befriande råd.

7

Medikalisering eller naturlig förlossning

Sedan urminnes tider har barnmorskor ansvarat för normala förlossningar. Om komplikationer tillstöter är det läkarens ansvar att ta över. Förlossningarna i Sverige tenderar till att bli alltmer medikaliserade. Värkstimulerande medel sätts in i hög grad och ryggbedövningar blir allt vanligare, inte minst hos förstföderskor. Det är som om man inte längre har tålamod nog att låta naturen ta den tid den behöver under förlossningsförloppet. Balansen mellan att låta naturligt födande ta sin tid och att endast ingripa när det behövs är den viktigaste kunskapen en barnmorska kan tillägna sig. En förlossning innebär svåra smärtor för de flesta kvinnor. Barnmorskans närvaro i förlossningsrummet betyder oerhört mycket. Att skapa trygghet och lugn för den födande kvinnan innebär att hon kan slappna av, hennes och mannens rädsla släpper och kvinnan kan lättare hantera smärtan under värkarbetet. Barnmorskan kan andas med genom värkarna och föreslå lämplig smärtlindring i varje enskilt stadium av förlossningsarbetet. Massage och psykoprofylaxandning är till stor hjälp. Ingen födande kvinna borde lämnas ensam med sin man på förlossningssalen. Kvinnan behöver sin egen barnmorska och har rätt till att få det! Det är helt orimligt att en barnmorska ska sköta flera förlossningar samtidigt vilket sker idag i stor utsträckning. Barnmorskorna blir utbrända och förlossningar som kunde blivit lugna, fina och normala upplevelser slutar kanske i kaos. Behov av ryggbedövningar och värkstimulerande medel ökar. Ju mer medikamenter som används, desto bättre övervakning av fosterljud och livmoderns styrka i sammandragningarna behöver registreras. Läkare blir också alltmer involverade. Under medikaliserade förlossningar förekommer fler avvikelser från normalt värkarbete och förlossningsförlopp, risken för stora bristningar ökar under utdrivningsskedet och avslutningen av förlossningen med sugklocka/tång eller ett akut kejsarsnitt blir mer frekvent.

Matilda förundrades ibland över all apparatur som hon behövde behärska i Sverige. Alla kvinnor skulle vid inkomsten till förlossningen registrera fosterljud och värkfrekvens via en CTG-apparat (Cardiotokografi), under 15 minuter. Om det fanns anledning att övervaka fosterljuden mer kontinuerligt, i väldigt få fall, kunde en telemetriapparat kopplas in. Barnmorskan kunde via denna avläsa fosterljud och sammandragningar i förhållande till varandra på kurvan i CTG-apparaten, vilken placerades på barnmorske- expeditionen. Kvinnan kunde fritt röra sig under förlossningsarbetet, vilket var en stor fördel. Numera används kontinuerlig CTG- övervakning via ett datorsystem och samtliga kurvor med fosterljud och värkar är synliga och kan avläsas på skärmen på barnmorskeexpeditionen, precis som på intensivvårdsavdelningar. Ett normalt värkarbete följs upp som om det vore ett intensivfall, ingenting får går fel. Verkligen ett exempel på medikalisering av ett helt naturligt tillstånd.

Om det var svårt att registrera fosterljuden med yttre dosa, skulle en skalpelektrod placeras direkt på barnets huvud. Jodå, Matilda hade själv varit med om att en barnmorska applicerat en sådan elektrod på barnets huvud, när hennes sista barn föddes i Sverige. Hon hade bara hört barn- morskan säga att hon skulle sätta en skalp, och hon hade ingen aning om vad som menades med detta. Det lät alldeles förfärligt! Nu skulle hon själv lära sig att applicera skalpelektroder. Elektroden hade en skruvad metalltråd, vass i änden, som skulle skruvas in i huden över det hårda skallbenet på barnet. Om livmoderhalsen inte var så mycket öppen, kunde detta bli knepigt att komma åt. Matilda trodde att barnet måste känna smärta och obehag när detta gjordes. Hon skulle också assistera narkosläkaren vid anläggning av en ryggbedövning och se till att kontinuerlig tillförsel av bedövningsmedel kopplades in via en infusions- pump, sätta värkförstärkande dropp, hantera lustgasen, kontrollera att sugklockorna och sugar fungerade, och barnrummets akutbord med syrgas och sug och mycket annat. Medikaliseringen hade sina fördelar och nackdelar.

Många barnmorskor var bekymrade över denna utveckling. Det startades därför under åttio- talet en rörelse inom barnmorskekåren mot en allmän medikalisering. På vissa håll i landet öppnades ABC- kliniker, vilka var helt och hållet ledda av barnmorskor. Dessa kliniker var till för de kvinnor som önskade föda naturligt i hemlik miljö och utan några mediciner. Varma bad, massage, akupunktur eller kvaddlar med sterilt vatten användes som smärtlindring. Ingen CTG- registrering användes. Barnmorskan lyssnade med vanlig tratt och bedömde värkarbetet varje kvart under förlossningens gång. Om det blev komplikationer kunde kvinnan snabbt överföras till den ordinarie förlossnings- avdelningen som fanns på samma sjukhus.

I barnmorskekåren och inte minst i Matildas kurs, fanns det ett ökat intresse för den världskände gynekologen Michel Odent i Frankrike, vilken förespråkade naturlig förlossning. Kvinnorna själva skulle kunna välja vilken förlossnings- ställning de ville inta. Ja, också om de önskade förlösas i varmt bad, eller hänga i en lian skulle barnmorskor vara beredda att assistera. I Matildas kurs diskuterades ivrigt om naturlig förlossning. Hade vi några alls? Så snart läkemedel användes så var det ju inte längre en naturlig förlossning eller? Räknades lustgasen som användes flitigt också som att den var naturlig? Man kanske skulle skilja på begreppen normal och naturlig?

Varje barnmorskekurs brukade göra en studieresa strax före examen. Alla röstade för att resa till Frankrike och besöka Michel Odents omtalade klinik i Paris. Kursdeltagarna ville också besöka en klinik som erbjöd kvinnor förberedelse inför förlossningen genom rörelser, andning och avslappning i varm bassäng. Signe Jansson välkänd barnmorska i Ystad under den tiden, gav tips om var gruppen skulle kunna göra sina studiebesök. Hon själv hade infört både förlossningsförberedelse i vatten och det naturliga födandet i Ystad inspirerad av just Michel Odent. Många kvinnor reste långa vägar just för att få föda i Ystad. Signe myntade ett uttryck som Matilda med glädje kunde ta till sig, *Hemförlossning på sjukhus!* Matilda valdes enhälligt att sköta alla kontakter med Signe Jansson och Frankrike eftersom hon talade franska flytande. Det blev en oerhört spännande resa för de blivande barnmorskorna. Studiebesöken var alla lyckade och gav många nya idéer och tankar om hur modern förlossningsvård kunde se ut. Bort med medikaliseringen av födelseprocessen och åter till så naturligt födande som möjligt. Kvinnorna fick föda i önskad ställning, sittande på förlossningspall, knästående, på alla fyra eller i ett badkar. Smärtlindringen bestod av fokusering på barnet i förlossningskanalen, andningsteknik och avslappning som kvinnorna övat in under graviditeten. Nästan inga apparater eller mediciner användes. Självklart sov barnet i samma säng som mor när det var fött. På hemresan när de kommit över till Sverige rattar bussföraren in nyheterna på radio. Beskedet når dem att samtliga vårdlärare tagits ut i blockad efter sin strejk. Matilda lystrar till.

– Oj då Gud, Du tar i ganska rejält. TACK! Nu får inte Nina en chans att skriva under något enda examensbevis viskade Matilda tyst för sig själv och påminde sig om att hennes lärare tidigare sagt att hon absolut inte skulle signera Matildas.

En månad senare är det dags för examen och den firas med middag för alla kursdeltagare med familjer och kursansvariga i festvåningen på slottet. Sånger hade övats in av de nybakade barnmorskorna för detta högtidliga tillfälle och Matilda kompade på ett elpiano. Läraren Nina skulle närvara vid ceremonin men inte dela ut examensbevisen. Det skulle rektorn för skolan göra. Någon av de studerande borde lämpligen hålla tacktal och ge kursledaren en present. Det blev moltyst. Ingen ville ställa upp.

– Då gör jag det. säger Matilda till allas förvåning. Hon tar detta beslut fast hon själv inte säkert vet om hon ska bli tilldelad något examensbevis. Det enda hon vet är att hon måste göra en *straffmånad* på förlossningen på grund av det som hände där flera månader tidigare.

– Kära rektor, kursledare och lärare, kollegor och familjer. Idag vill vi alla fira att femton nya barnmorskor har tagit sin examen. Vi vill särskilt tacka dig Nina, och så vänder sig Matilda till kursledaren. Tack för Din intressanta undervisning och praktiska handledning på klinikerna. Du har alltid uppmuntrat oss att klara av den här utbildningen. Tack för att Du har guidat oss genom alla svårigheter och för att vi nu idag kan stå här och kan glädjas åt att vi nådde vårt mål med din hjälp.

Nina slår ner blicken, det ser ut som hon skulle vilja sjunka ner under golvet. Hon tar ett steg åt sidan, och ytterligare ett. Matilda måste följa efter henne för att överlämna gåvan från kursen. Nina har nu samlat sig och tackar för gåvan. Matilda fortsätter, – Tack alla män som ställt upp och skött marktjänsten hemma, och barnpassning och uppmuntran och stöd. Utan er support hade det blivit tufft!

Applåder. Efteråt frågade kurskamraterna hur Matilda kunde ha styrkan att säga allt detta fina i sitt tal.

– Det är inte jag som kan, det är Han, och så pekade hon mot himlen. Jag är så glad för att jag kunde säga det jag gjorde utan att känna minsta bitterhet i mitt hjärta.

Chefen för mödravårdscentralen och några kollegor därifrån hade deltagit i festen. Nu skyndar de fram till Matilda för att gratulera. Matilda erbjöds överraskande en heltidstjänst på Mödravården. Oj, de var alltså nöjda med hennes jobb där. Vilken examenspresent. Tyvärr kunde hon inte tacka ja till tjänsten eftersom hon insåg att det skulle bli för tufft att arbeta heltid med en så stor familj. Hon försökte förhandla om att arbeta bara sjuttiofem procent men det gick inte ledningen med på. Det blev vikariat på deltid istället. Inte hade Matilda en aning om hur pensionen skulle påverkas av detta i framtiden, men kände sig helt trygg i att hon gjorde det rätta där och då.

8

Utbytesstudenten

När hösten kom blev familjen tillfrågad om de kunde ta emot en utbytesstudent från Colombia. Det fanns gott om plats i det stora huset, men skulle familjen klara det ekonomiskt? Organisationen ordnade fram sponsorer och det blev klart att han skulle bli erbjuden en plats på det tekniska gymnasiet, sista årskursen. Det blev ett annorlunda år och mycket som hände. Tonio 19 år gammal, talade bara sitt modersmål spanska och lite franska. Med hjälp av franska språket och en lärare i spanska kunde familjen få lite begrepp om vem Tonio var. Tonio kom från en rikemans familj och hade fått en fin uppfostran av mormor. Det märktes redan på hans respektfulla bemötande när de mötte honom på järnvägsstationen. Och genast efter maten dukade han av som om han var en betjänt på ett hotell. Han var nyfiken på det socialdemokratiska systemet i Sverige och kände till en hel del om statsministern Olof Palme. Endast sexton år gammal hade han varit involverad i en hjälporganisation, *Amigos del mondo* och farit på uppdrag till en krigszon tillsammans med en kamrat som var utbildad läkare. Arton år gammal hade han gift sig med en engelska, men de var nu skilda. Livet tycktes forsa fram runt honom. Mycket av det han berättade hade familjen svårt att tro på.

Nu var han i Sverige och tog vara på varje tillfälle att lära sig svenska. I skolan var det inte så lätt. Det fanns ett gäng tuffa killar på skolan som hade gaddat sig samman för att göra livet surt för Tonio. Cykelsadeln hade någon elev skurit upp och man kallade honom *svartskalle.* I matsalen möter Tonio de tre odågorna. De beslutar att möta upp efter maten vid skogsbrynet för att göra upp. Jodå, de tre grabbarna kommer till platsen vid skogsbrynet och börjar allesammans håna den *lille* sydamerikanen. Innan gänget vet ordet av har Tonio som har svart bälte i Taekwondo utdelat en spark mot halsen på den störste av dem. Denne föll som en kägla till marken. Näste man fick också en omgång, medan den tredje killen snabbt valde att springa därifrån. Efter den dagen var det slut med trakasserierna, och Tonio blev otroligt populär särskilt bland flickorna. Och om någon i gänget tråkade flickorna så räckte det att Tonio snabbt ställde sig emellan.

Tonio lärde också känna ungdomarna i kyrkan och deltog i en ungdomskonferens där han mötte Jesus till en personlig omvändelse. Han ansikte fullkomligt strålade av lyckaefter denna omvälvande upplevelse. Ivrig beslutade han sig för att åka till Kristiana i Danmark och *omvända* drogmissbrukare.

Hans familjehistoria innehöll många mörka inslag när det gällde droghandeln i Colombia. Det var inget han ville berätta om särskilt inte om hans mors involvering i denna. Tonio skaffade snabbt ett stort kontaktnät inte minst bland invandrare från Chile. De blev hans vänner och vistades ofta hos familjen. Matilda får ikläda sig rollen som frisör åt dem alla, något hon faktiskt gillar. Hon står och klipper Marios lockiga hår när han berättar hur nervös han är. Han har fått brev från Chile där det står att flera av hans vänner som tillhörde oppositionen planerar att komma till Sverige. De har sålt allt de äger och anlitat en smugglare och skulle anlända till Sverige inom några dagar. Smugglaren hade tagit alla deras pengar och hade målat upp en bild av Sverige om hur lätt det var att etablera sig, kanske öppna en pizzeria eller något i den vägen. Familjen bjöd in Marios vänner när de anlände och förstod hur grundlurade de hade blivit. Det blev en omänsklig process för chilenarna innan de utvisades. Pastorn i kyrkan och Matildas man engagerade sig. De försökte få tag i någon advokat som kunde åta sig deras fall. Men allt var hopplöst. De båda körde under natten ner till Kastrup för att försöka stoppa utvisningen innan chilenarna tvingades ombord på ett plan. Men nej, allt var förgäves.

När det närmar sig Jul undrar Tonio om hans mormor får komma och hälsa på. Visst får hon detta! Det blev en massa missförstånd.

Mormor kom inte med flyg till Köpenhamn dagen före julafton såsom Tonio hade uppfattat det. Under tiden har mormor Maryam det besvärligt. Hon har mellanlandat i Frankfurt. Redan i början av resan har personalen på flyget sagt att hennes handbagage är för stort att ha inne i kabinen och tar hand om det. När Maryam landar på Arlanda på självaste Julafton saknas denna stora väska där hon hade alla uppgifter om telefonnummer och adress till Matildas familj. Hon finner inte någon som talar spanska, tar in på ett hotell över natten och tar reda på tågtider till staden dit hon ska. Ni vet hur det är Julafton i Sverige. Allt är stängt. Vet inte om hon lyckades få i sig någon matbit ens. Hur som helst finner hon rätt tågförbindelse dagen efter till staden där Tonio finns. Medan hon sitter på tåget ber hon:

– Ave Maria, Du Guds moder, hjälp mig att finna någon som kan tala spanska.

När tåget gör uppehåll vid en station går det på några ungdomar som talar spanska med varandra. Ivrigt börjar hon samtala med dem och berättar om sin belägenhet. Det visar sig att en av männen till och med vet vem Tonio är och har telefonnummer. Så kom det sig att Myriam står på stationen på självaste Juldagen och ungdomarna hjälper henne att ringa Matildas familj och får tala med Tonio som blir både överraskad och lättad över att få veta att hon nått fram till Sverige och till rätt stad.

När Matilda kommer hem efter en skidtur, sitter mormor Maryam där och plockar fram det ena skinnplagget efter det andra ur sin stora resväska. Oj, vilka gåvor hon tänkt ut till var och en i familjen! Pappan får en vacker grå skinnjacka och Matilda röda byxor och en väst i rött och svart mjukt skinn. Hon hade aldrig känt sig så festklädd någon gång!

Tonio är som en storebror för pojken i familjen. Han vill lära honom en del om självförsvar och får lova Matilda att inte lära ut sparkar eller taekwondo. Men att kunna försvara sig själv är en tillgång. De tränade tillsammans, sparkade fotboll, cyklade ut på långfärder och under sommaren tältar de tillsammans på Öland, plockar jordgubbar för att tjäna pengar och klarar sig själva.

Efter fyra år i det stora underbara huset blev familjen tvungen att söka sig en annan bostad. Ägaren skulle sälja. De köpte ett eget hus utanför staden. Det kändes stort att få ett eget hus men som en nackdel att behöva flytta utanför staden och att två av barnen skulle behöva byta skola. Det skulle också bli många resor för att skjutsa barnen till olika aktiviteter. Nu behövdes hjälp att tapetsera om en del rum samt bygga ett extra rum för ett av barnen. Matilda kom att tänka på att Sissis nye man var målare. Sissi hade i brev berättat om det romantiska bröllopet medan Matilda arbetade i Afrika. En rekorderlig stilig man som var några år yngre och som inte hade något drogmissbruk i sitt förflutna hade vunnit hennes hjärtas kärlek. Han var troende och med i Pingstkyrkan. Det var modigt av honom att våga gifta sig med en trebarnsmamma och de fick tillsammans två små barn och blev en stor familj. Det var en stor glädje att få återknyta kontakten och vara tillsammans.

Matildas familj skulle flytta under sommaren och det var semestertider så Sissis man lovade att hjälpa dem med att fixa den nya bostaden. Så kom det sig att hela deras familj med 6 barn och en extra inneboende ung kille på 14 år, drog in i det stora huset. Det var trevligt att ha vänner som hjälpte till på olika sätt. Sissis man var stor och lång och tapeterna kom upp i en rasande fart. Männen snickrade och inredde ett extra rum på övervåningen i huset. Barnen skulle få egna rum också i det nya huset. Sissi och Matilda lagade mat i långa banor till hela gänget på femton personer. Sissi och Matilda fick gott om tid att prata med varandra om livet och allt som händer. Sissi hade förstått att mannen hon gift sig med hade en narcissistisk personlighetsstörning. Matilda hade ingen aning om vad det betydde eller hur sådana människor fungerade.

9

Adam och Eva mottagning

Tidningen skrev på första sidan att en privat mottagning Adam och Eva hade öppnats i centrum. Klinikchefen på KK satte morgonkaffet i halsen och ringde genast till den ansvarige läkaren på samma adress.

– Vad sysslar du med? Har du blivit gynekolog?

– Nej det är två barnmorskor och en psyksköterska som hyr in sig hos mig. Tala med dem.

– Jaha, och vilka är de då? Hur kan de ha tillstånd? Vad säger du? Av Socialstyrelsen?

Matilda och två vänner, Anna och Berta, hade under en längre tid funderat på att öppna en egen mottagning, där marginaliserade kvinnor och män i samhället kunde få rådgivning. Anna hade blivit färdig barnmorska året före Matilda och Berta hade arbetat som specialist sjuksköterska inom psykiatrin sedan många år. De förhandlade med en privat klinik som drevs av en venereolog. Han upplät sina lokaler en dag i veckan och de inredde ett eget rum för mödravård och preventivmedelsrådgivning, med både brits och gynstol. De etablerade också samarbete med smittskyddsläkaren som stödde dem till fullo. Deras förebild var Elise Ottesen Jensen, vars motto var:

Jag drömmer om den dag då alla barn som föds är välkomna, män och kvinnor jämlika och sexualiteten ett uttryck för innerlighet, njutning och ömhet.

Till deras stora glädje fick de ett bidrag till den nya verksamheten från Elise Ottesen Jensens Ottarfond. Patienter kunde HIV- testas anonymt efter ett kodsystem.

Det kom folk som levde på gatan, prostituerade, ja utsatta män och kvinnor som hade svåra upplevelser av övergrepp i sitt livsbagage. Invandrarkvinnor som i hemlighet önskade få en spiral insatt och behövde tala om sina traumatiska upplevelser under flykt. Barnlösa par eller par med relationsproblem. Där mötte de män som bar på hemligheten att ha utnyttjats sexuellt som barn av granne eller närstående. De skämdes och skuldbelade sig själva för det de varit utsatta för. Några vågade inte komma till ett personligt möte, utan önskade samtala per telefon. De mötte de kvinnor vars fäder börjat pilla på dem i tidig ålder och fortsatt med intimiteter i vuxen ålder, till och med efter döttrarnas giftermål. Det fanns de som blivit gravida med sin far och hade gjort abort. De mötte kvinnor som grät för att deras män krävde samlag tre gånger om dagen och vägrade låta dem använda preventivmedel. Dit kom en dag en kristen kvinna som levde med en djupt religiös man som var ledare inom kyrkan. Han hade under hela deras äktenskap levt ett dubbelliv som bisexuell. När det avslöjades kunde kvinnan omöjligt fortsätta att leva med honom. Det fanns så mycket skam och hemligheter som alla burit på i tystnad! Matilda hade inte kunnat föreställa sig att det fanns så mycket elände och våndor och trasiga relationer, men visste att hon och hennes kollegor utförde något betydelsefullt.

Det blev svårt att somna på kvällen på grund av den sista patientens berättelse. Kvinnan som satt framför henne var i yngre medelåldern, gift och hade några barn. Hon berättar om övergrepp. Uppväxt i en stor herrgård, föräldrar som tillhörde socialgrupp ett. Stora fester anordnas i hemmet under helgerna. Hon berättar om något som kallades *ormgrop*. Nu hängde inte Matilda med alls.

– Vad menades med ormgrop?

Kvinnan förklarade att det var en typ av sexorgie där alla var nakna och hade sex med alla. Det var flera familjer som brukade samlas och barnen fick hålla till och leka i annexbyggnaden. Just den här kvällen kommer barnen på att det skulle vara gott med glass och hon springer ivrigt iväg till huvudbyggnaden och köket för att hämta. När hon kommer in i hallen är orgien i full gång. Flickan smyger in i köket och hämtar två glasspaket. Hon försöker göra sig osynlig på väg ut men pappan får syn på sin dotter som vid detta tillfälle är elva år. Han fångar in henne, tar av henne alla kläder och bär in henne till "ormgropen". Flickan håller krampaktigt fortfarande glasspaketen i famnen. "Här kommer efterrätten!" ropar han medan han låter henne landa i en famn. Glassen börjar smälta bland alla svettiga varma kroppar som brinner av vild lusta där alla spärrar tycks ha släppt. Alla börjar slicka i sig den rinnande glassen. Flickan känner tungor över hela kroppen, fingrar sticks in i alla hennes kroppsöppningar. Det stackars skräckslagna barnet blir skickat från den ene vuxne till den andra och alla begår övergrepp mot henne, Hon skriker när något hårt tränger in i underlivet, tror att hon ska rämna. Hon kan inte riktigt ta in vad hon är med om. Skräcken lyser ur hennes ögon, hon darrar, gråter, vädjar, släpp mig, och försöker slingra sig ur alla armar som snor sig omkring henne. De andra barnen börjar undra varför hon inte kommer tillbaka.

Matildas mage drar ihop sig till kramp under berättelsen. Hon känner det som om en kniv sticks in i hennes eget hjärta och vrids om.

Natten efter ormgropen blir förfärlig för flickan och när morgonen gryr har hennes föräldrar redan fattat ett förskräckligt beslut. Hon sänds till en internatskola i England för att ingen ska finna henne och kunna fråga ut henne om vad som hänt i synnerhet inte polisen. Hon ska inte få möjlighet att själv kunna berätta för någon i omgivningen, skolan, vänner eller andra släktingar. Ensam. Skakad. Skadad. Utlämnad till ett främmande land med ett annat språk. Internat i stället för ett hem. Flickan kunde bara några få ord engelska som hon lärt i skolan. Matilda var en av de få som fick ta del av hennes berättelse. Detta var det värsta hon någonsin hört. Kvinnan fortsätter.

– Min pappa låter mig inte vara ifred. Han tvingar mig till samlag trots att jag har man och egna barn.

Två gånger har jag blivit gravid med honom och gjort abort. Min man vet ingenting. Jag vet inte hur detta ska sluta.

Kvinnan berättar att hon går i terapi hos en psykolog, att hon försökt ta livet av sig flera gånger, men hon vill ju finnas kvar i livet för sina egna barn! Fanns det då inget rättsväsende som kunde hjälpa henne? Kunde ingen advokat ställa hennes far inför rätta? Vad var hindret? Hon hade präglats av att leva ett begränsat liv med tystnad och många hemligheter och var livrädd att hennes man skulle få reda på allt. Några år senare får Matilda veta att kvinnans pappa var död. Hon hoppades och önskade att det betydde befrielse och frid och ett nytt liv för henne.

Barnlösa par sökte sig till Adam o Eva mottagningen. Matilda hade det senaste året blivit utbildad handledare i Billingsmetoden via Umeå universitet och professor Erik Odeblad. Genom denna metod kunde kvinnor lära sig att identifiera de mest fruktsamma dagarna under sin menscykel. Det var till stor hjälp för att ringa in möjliga dagar för befruktning. Ett par som hade försökt under ett helt år kom för rådgivning. När Matilda talat med dem förstår hon att mannen har en kronisk prostatit. Han blir inbokad hos läkaren som sätter mannen på långtidsbehandling med sulfa. Kvinnan lär sig att kartföra sina menscykler under tiden och efter drygt ett halvår har de lyckats bli gravida. Glädjen är stor. Äntligen! Det slumpar sig så att Matilda arbetar på BB just de dagar som den lilla familjen vistas där efter en helt normal förlossning. Såå roligt att få dela deras lycka!

En ung nygift kvinna från ett muslimskt land söker på mottagningen. Hennes bekymmer är att hon inte blödde vid samlaget på bröllopsnatten och nu vill hon ha ett intyg. Mannens kamrater pressar honom och frågar om kvinnan blödde, annars var det ju ett tecken på att hon inte var oskuld. Matilda tänker på att vi själva hade samma föreställning. Blodiga lakan skulle hängas ut på tvätt efter bröllopsnatten så att alla kunde se att bruden var *ren*. Kvinnan får lägga upp sig i gynstolen. Matilda tar fram en spegel och låter henne se själv hur hon ser ut i sitt underliv. Matilda förklarar att det inte finns någon mödomshinna, den är en myt. Däremot finns det elastiska veck som har en otrolig förmåga att töja sig.

– Det går inte att se på en kvinna om hon haft samlag. Här ser det helt normalt ut, det är vanligt att inte blöda första gången. Var bara glad för det. "

– Men hur ska jag förklara för min man.

– Du kan ju välja ett av mina förslag. Antingen ber du honom svara sina kompisar att han var en så skicklig älskare att du inte fick några skador. Eller om han inte tror på den medicinska förklaringen, så får du säga till honom att han inte lyckades genomföra samlaget rätt. Han var aldrig där. Kvinnan fnissade lätt. – Gud vad han skulle skämmas!

Matilda förklarade att det enda intyg hon kunde utfärda var en journalanteckning att undersökningen visade på helt normala förhållanden och att hon såg ut precis som hon skulle.Matilda hade till sin häpnad hört hur unga kvinnor som stod inför ett giftermål på fullt allvar fick råd av Ungdomsmottagningar och RFSU, att skaffa sig en nål att sticka sig med, så att det kom ut lite blod. Eller varför inte lägga in lite kycklinglever i slidan så det blev blodigt? Så äckligt! Detta var horribla förslag. Det var ju bara att befästa fördomar och konservatism samtidigt som att inte ta vara på tillfället att ge de rätta kunskaperna. Det var som om att uppmuntra personalen att bli medlöpare!

Anna och Matilda startade också på eget initiativ, vattengympa för gravida och förlossningsförberedelse i vatten inspirerade av vad de sett i Frankrike. De fick hyra sjukhusbassängen för en ringa avgift. En säsong inbjöd de blivande pappor att delta och hyrde då Äventyrsbadet mitt i stan. Detta var något helt nytt och det blev mycket uppskattat.

10

Älskade Pappa

Telefonen ringer gällt. Det är närmare midnatt och Matilda arbetar som jourhavande sjuksköterska på en vårdcentral och har just satt sig ner för att få i sin en kopp kaffe. Det har varit en strid ström av patienter under hela kvällen och både hon och jourhavande läkare har varit fullt sysselsatta. Hon skyndar sig att svara. Till sin förvåning är det inte en patient som ringer, nej hennes mamma är det som hör av sig mitt i natten och meddelar att pappa är sjuk och på väg i ambulans till sjukhuset. Jaha tänker Matilda, nu händer det som jag alltid tänkt. Pappa är frisk och kry och vital för sin ålder men blir det en hjärtattack så innebär det slutet för honom. Detta är hans sista resa, jag måste bara vara där.

Matilda får bråttom försöka finna en ersättare åt sig mitt i natten. Vem hon kan våga ringa och be att ta över sitt arbete. Det finns en läkare där på plats som insisterar på att Matilda ska genast åka till sjukhuset för att vara med sin pappa.

– Jag tar hand om det här tills en sköterska kommer.

Hon dristar sig att ringa till prästfrun som är hennes kollega. Ebba säger bara, - Skynda dig iväg jag kommer så fort jag kan. Detta gör hon trots att hela prästgården var full av gäster som hon borde ta hand om. Välsignade Ebba. Matilda sätter sig i bilen och kör och hämtar sin mamma på vägen in till sjukhuset. De kommer till Akuten precis när personalen rullar iväg med pappan till en vårdavdelning. Så blek han är och vilka hemska bröstsmärtor han har.

– Pappa nu är vi här hos dig, säger de båda två och kramar hans hand. Hon tar sin mamma under armen och de följer efter båren upp till medicinavdelningen.

Det blir en lång vaknatt och behov av ständig syrgas och smärtstillande morfin upprepade ggr. Matilda går iväg för att ringa syskonen. Hon säger till dem alla att det är allvarligt, detta klarar nog inte pappa, de måste skynda sig att komma om de vill ta farväl. De vet inte hur de ska göra, ge sig iväg mitt i mörka natten och köra?

– Jo kom så fort det bara går. Vi får inte mer tid...

– Hälsa pappa att jag älskar honom och krama om honom från mig säger systern.

Matilda ringer sin man och berättar om allvaret men tänker inte på att hennes egna barn borde väckas och få chans att ta farväl. Det beslutet överlämnar hon till mannen. Timmarna sniglar sig fram. Pappa tittar upp då o då och är så nöjd o glad för att vi sitter där mamma o jag. Sjuksköterskan kommer in och ska ge honom en spruta. Pappa ser kärleksfullt på henne och frågar:

– Känner syster Jesus? Han fortsätter.

– Jag har levt det mest spännande liv man kan leva tillsammans med Jesus. Ett beslut jag fattade när jag var 26 år och som jag aldrig har ångrat. Varje dag får jag uppleva möten med människor som behöver få veta vem Han är och att Han kan förvandla människors liv så det blir värt att leva. Jag är så tacksam och glad för allt. Nu slumrar pappa ett tag och andas lugnare, men han är så vit, så dödsblek. Döden har redan slagit sina käftar om honom tänker Matilda.

Han ser kärleksfullt upp på mamma när hon frågar vad vi kan göra för honom.

– Ingenting kunde vara bättre än att du sitter här hos mig.

Matilda minns det vackra tal pappa höll när det var mammas 80 årsdag som firades en månad tidigare. Släkten var samlad i mammas barndomshem. Pappa står upp och tackar henne för alla de fina år som de haft tillsammans.

– Vi är som ett par parhästar, det gäller att hålla takten med varandra framför plogen annars går det inte alls. Ingen får gå före eller ta sin egen fåra. Vi har varit så samspelta och eniga i alla beslut. Snart ska vi fira vårt guldbröllop.

Vi ser alla den kärlek som lyser mellan dem. När han sätter sig bredvid mamma lägger han armen om henne som han brukar och hans stora näve greppar runt hennes ena bröst, medan hon fnissar förtjust medan fotblixtarna fångar ögonblicket från flera kameror. Mammas syster Berta håller också tal. Hon är så glad att vi alla får träffas, vem vet nästa gång vi ses kanske en av oss fattas. Detta säger hon med tanke på sig själv. Men nej det kommer att bli pappa som fattas.

Framåt morgonen flyttas pappa in på läkarexpeditionen från behandlingsrummet, alla vårdplatser är upptagna. Matilda hade visst slumrat ett tag på en bänk och när hon kommer in till pappa ser hon att han försöker kräkas för att få luft.

– Pappa du går väl inte ifrån oss? ropar hon.

Hon ser hur han slutar andas hur blodet skjuter upp i hela ansiktet o kroppen blir slapp, ingen puls känns i ljumskarna eller på halsen, ringer på nödsignalen, nappar tag i en Rubensblåsa som hänger där på väggen och börjar ventilera sin pappa. Personalen kommer strax inrusande o Matilda förklarar sina observationer och att nu handlar hon som sjuksköterska i denna akuta situation. Han rullas in i akutrummet och läkare kommer. De gör allt de kan för att rädda hans liv, men det är lönlöst.

Mamma o Matilda slår sig ner längst bort i korridoren och samtalar medan livräddningen pågår. De vet redan utgången, känner det i hela kroppen när mamma börjar berätta för Matilda om en syn eller dröm som pappa hade haft och som handlade om hur han skulle sluta sitt liv. Han upplevde att han var på ett sjukhus låg på en brits och fullt av sköterskor o läkare stod runt honom. Så lyfts han upp till taket och kan betrakta scenen ovanifrån. Han lägger märke till några runda svarta hål på sin bröstkorg. Märkligt tänker han. Är det kulhål? Jag har väl inte varit med om något krig? Så känner han hur *själen* dras ner igen mot hans kropp. När han ser den så blek och slapp känner han avsmak, nej han vill inte in i kroppen igen. Han släpper taget och känner hur han lyfts uppåt medan han fylls av en jublande glädje. Hans ande är fri och på väg hem till himlen.

– Jag tror det var EKG kontakterna han såg, säger mamma, det var det som han undrade över om det var kulhål. Nu har han släppt taget nu är han fri.

Läkaren kommer ut till dem. Jo man trodde att det blev en hjärtruptur just där o då innan han förflyttades. Hans älskade hjärta som klappat för oss och så många andra brast. Ville vi ha en obduktion? Men både mamma och Matilda svarade att låt det vara, hans tid var ute nu vid 82 års ålder.

 Mamma menade att det skulle blivit oerhört svårt för honom att få leva ett begränsat liv. Nu dog han lycklig o glad efter sin sista härliga dag i livet. Mamma och han hade under dagen varit på en träff för pensionärer på en lägergård där pappa under många somrar hade lagt ner mycket arbete. De hade träffat så många av sina allra bästa vänner och pappa hade varit så ivrig att få tid för att prata med dem alla under denna sin sista dag. Han kände sig frisk o kry när han körde hem de tjugofem milen framåt eftermiddagen. Jo, såhär var det väl egentligen som de själva skulle vilja sluta sitt liv, slippa att ligga och tyna bort någonstans på en vårdinrättning. Mamma upprepade hela tiden att det var tur att det blev han som lämnade före henne. Hon skulle nog klara sig själv, men lille pappa hade haft det svårare att bli ensam. Så tapper hon var och alltid beredd att se det positiva! Sådan hade hon alltid varit så länge Matilda kunde minnas. Tårarna rann, näsdukar gick åt och sorgen nöp någonstans i maggropen men mitt under allt en stor glädje över åren vi levt tillsammans med denne *gudsman* och för allt han betytt för oss.

Matilda ringer sin man och ber honom klippa av några röda rosor från rabatten som pappa hade hjälpt henne att plantera. De kunde ta farväl under värdiga former och de röda rosorna lyste där de låg på hans bröst. En av bröderna dyker upp med sin fru och blommor har de med sig, men tyvärr hann de inte se honom i livet. Matilda var glad att hon varit där och visste precis hur allt hände och att pappa inte fick någon plågsam död. Det hade gått så fort bara ett ögonblick och så var han inte levande längre.

Nu började alla praktiska bestyr. Dödsannons, bouppteckning, planering av begravning och begravningsplats, gudstjänst och program och måltid. Matilda satt i köket hos mamma och hörde hennes samtal med kyrkoherden. Nja, de skulle nog inte räkna med att få tillgång till kyrkan. Kyrkoherden hade samtalat med hennes man vid flera tillfällen och förstod att de hade olika syn på barndop osv. Nej det gick inte. Tillhörde han inte Pingstkyrkan? Mamma försökte förgäves förklara att jovisst deras pastor skulle förrätta begravningen men att det inte gick i Pingstkyrkan eftersom den låg på andra våningen och det var omöjligt att få upp kistan dit. Kunde det inte vara möjligt att låna kyrkan vid begravningen, han skulle ju gravsättas just där på kyrkogården? Jodå visst ni kan stå där ute runt graven och hålla begravningen det kan jag inte hindra er att göra, svarar prästen. Mamma berättar med gråten i halsen att hennes egen far varit kyrkvaktmästare under hela sitt liv och att vi faktiskt betalat begravningsavgift till Svenska kyrkan under alla år. Prästen var obeveklig. Matilda ber att få tala med honom.

– Vi alla hans barn tillhör ju svenska kyrkan sen födelsen. Vi har väl rättighet att låna kyrkan för vår fars begravning? Du ska veta att min pappa har gått runt här i samhället och samtalat med folk och sålt tidningar för Erikshjälpen. Alla i din församling känner honom och de kommer till begravningen. Du kommer att få hela folket emot dig om du inte släpper in oss i kyrkan. Det blir skandal. Dessa ord tycktes ta skruv och vi fick löfte att få hålla begravningshögtiden inne i kyrkan. Pust!

Min syster kommer från Göteborg och vi går tillsammans med mamma runt på kyrkogården för att välja gravplats. Tre alternativ. Stannar vid den första platsen, men -nej här vill jag inte ligga, säger mamma. Syrran o jag kan inte låta bli att fnissa, hon är sig lik alltid. Med humorn o glimten i ögat i alla lägen. Den andra platsen finner de mörk o dyster, nej inte här heller. Men den tredje platsen ligger ljust och fint till,

– Ja, här blir det bra. Lova nu att det blir plats för mig också bredvid honom.

– Självklart. Det ordnar vi.

Det blev en mäktig begravning inne i den fullsatta kyrkan. Orgelmusik och hoppfull sång . Ett värdigt avslut för ett långt liv i evangeliets tjänst. De tågade ut till begravningsplatsen och fick ta farväl. Matilda läste ett ord från Galaterbrevet om att Andens frukter är kärlek, glädje, frid, tålamod, mildhet, saktmod, återhållsamhet……

– Sådan var han vår pappa och så kommer vi alltid att minnas honom.

En präst från svenska kyrkan var där och talade till sin käre bönebroder som nu slutat sitt jordeliv. Han skulle alltid minnas deras bönestunder tillsammans! De lade ner sina blommor på kistan och viskade ett sista farväl. … och från sitt fönster i prästgården kunde den ansvarige prästen se folkhopen och allt som hände där vid gravplatsen. Matilda vände sig om mot prästgården. Var det inte en gardin som rördes därinne?

När gravstenen sedan restes var orden, *Guds gåva är evigt liv,* inhugget i stenen.

En hel bunt med tidningar från Erikshjälpen hade kommit med posten. Tidningar som pappa skulle gå runt med i samhället. Hur skulle de göra med dem? Matilda bestämmer sig för att hon ska gå ut med dem o knacka på hos människor i samhället. Det blev tre sällsamma kvällar. Ibland öppnades dörren och man sa nej tack, jag ska inte ha någon tidning. Men på många ställen var man van vid att köpa den varje månad.

– Jo, tack, jag brukar köpa den.

– Nu kommer min pappa inte mer hit. Han har flyttat till sitt himmelska hem. Men du kan alltid prenumerera på tidningen och då får du den direkt i posten och på så vis stödja det fina arbete som Erikshjälpen gör i världen.

– Nej, oh så tomt det blir, Din pappas besök såg jag alltid fram mot. Han var så vänlig och sympatisk, och hade alltid tid för en pratstund.

Matilda blev inbjuden till flera stycken för en pratstund när de förstod vem hon var. Och man berättade.

– Jo, din pappa lade händerna på mig o bad för mig när jag var sjuk och jag blev frisk.

Och Matilda fick ta del av helt mirakulösa ingripanden som hennes pappa fått förmedla. Det var ibland människor med helt obotliga sjukdomar såsom till exempel cancertumörer. Han skröt aldrig om vad han fick förmedla av helande till människor utan gav all ära till Gud för det som skedde.

I ett hus drogs hon nästan handgripligt in av frun. Hon vill bjuda på en kopp kaffe och prata.

– Har du tid?

– Javisst.

– Nu måste jag få berätta för dig vad som hänt i vår familj. Min man var alkoholist och söp alltmer. Jag kände att detta klarar jag inte av längre och hade bestämt mig för att skiljas från honom. Då knackar din pappa på dörren och jag släpper in honom. Min make är redlöst berusad vid detta tillfälle och börja svära och domdera. Din pappa går fram till honom slår armarna om honom och ropar

– Du spritdjävul, i Jesu namn befaller jag dig att genast lämna denne man.

Mannen sjunker ihop, blir alldeles mjuk som gelé´ och sätter sig ner på en stol och börjar gråta. Han blev i ett ögonblick spiknykter och frågar förvirrad,

– Vad är det som händer med mig?

– Jo säger min far, nu har spritdjävulen lämnat dig och du ska aldrig mer bjuda in honom i ditt liv. Det är en dålig glädje man köper på flaskan. Nu ska du släppa in Jesus i ditt liv i stället. Han ger dig frid och glädje. All din oro och ångest vill han ta bort i ditt inre. Vill du det?

– Ja, det vill jag, svarar mannen och så ber de överlåtelse-bönen tillsammans.

– Jag har fått en ny man säger frun full av glädje till Matilda. Han är så omtänksam och snäll mot mig och ja, vi har funnit tillbaka till kärleken och varandra. Nu behöver vi inte skiljas. Han har inte smakat en droppe sprit sen detta hände.

Så tomt det blev efter pappa. Matilda och han hade alltid stått varandra nära. Sorgen satte sig i hennes kropp. Hon fick både bröstsmärtor, snabb puls och smärtor som liknade njurstensanfall. Det blev så svårt att hon uppsökte vårdcentralen. Läkaren var mycket förstående och kunde bekräfta att detta var helt o hållet sorgens smärtor som plågade henne. Ett helt år kunde hon inte bära annat än svarta eller vita kläder. Hon kunde inte förmå sig att sätta på sig något färgglatt. När hon satt på bussen till sitt arbete nöp det i maggropen och tårarna började rinna. Det tog ett helt år innan den värsta sorgen lagt sig men sakna honom skulle hon alltid göra. Mest skulle hon komma att sakna honom några år senare, men om detta visste hon inget då. Hon gnolade på sången som en av döttrarna hade sjungit med klockren röst på begravningen.

"Jag har en tro som ger mig tröst och styrka. Att vi ska ses igen när tiden tagit slut. Trots att skiljas var så svårt så vet jag att du lever i ett ljus. I det hemmet som vi kallar Faderns hus"

Mamma hade många vänner och grannar, också bland de nya svenskarna som kom från andra länder. Fast hon inte kunde ett enda språk förutom svenska hade hon en ovanlig förmåga att kunna kommunicera och göra sig förstådd oavsett vilket språk som talades. En strid ström av människor kom och besökte henne. De hade lagat mat från sina länder, bar med sig blomsterkvastar och satt ner o samtalade i timmar. Hon behövde inte känna sig ensam eller övergiven.

– Du måste ringa om du behöver hjälp. Kom in till oss o hälsa på.

11

När barn får barn

Hon var en ung flicka som gick i högstadiet och hade blivit gravid med sin pojkvän. Varje vecka kom hon till Matilda för att få injektioner med järn eftersom hennes blodvärde var så fruktansvärt lågt. En dag var hon ganska försenad och bad om ursäkt. Matilda fann ut att flickan bodde nästan en mil bort, hade ingen cykel eller busskort. Hon måste alltså gå till fots varje dag till skolan. Det lät tufft. Nog borde hon ha rätt till ett busskort? Matilda frågade ut om hennes hemsituation. Jodå, hon bodde ensam med sin mamma och de skulle nog klara av att ta hand om barnet. Matilda kontaktade sociala myndigheter för att planera för den bästa hjälpen och stödet både ekonomiskt och praktiskt för den blivande mamman och barnet. Fanns det mödrahem dit flickan kunde komma med sitt nyfödda barn?

En dag ringer skolsköterskan för att tala med Matilda om denna flicka. Skolan hade förstått att hennes hemsituation inte var stabil. Kuratorn och skolsköterskan fick i uppdrag av kommunen att göra ett hembesök för att bilda sig en uppfattning. Besöket skakade om dem rejält. De hade aldrig tidigare sett en sådan misär. Flera katter sprang jamande ut när de knackade på och det gläntades på dörren. När de skulle gå in i huset visste de inte var de skulle sätta fötterna för det var fullt av kattskit överallt. Hur kunde någon leva såhär i välfärdens Sverige? Flickans mamma var uppenbart alkoholist och flaskor och ölburkar låg utspridda i hela huset. Och hur kunde denna unga flicka klara skolarbetet när det såg ut såhär i hemmet? Nej det var helt uppenbart att någon baby inte skulle kunna växa upp i denna miljö. De var helt chockade.

Matilda ringde den blivande fadern och hans föräldrar. De kom för att samtala. Dessa bodde nära centrum och skolan. Det var en ordentlig familj beredda att ställa upp för de unga blivande föräldrarna som fortfarande båda gick i högstadiet. Flickan skulle få flytta in hos dem bara sociala myndigheter hade godkänt. Det var klart att de ville hjälpa till och ta hand om sitt lilla barnbarn som skulle komma. Matilda kände en stor börda lätta från sina axlar i förvissningen att den sköra flickan och hennes väntade baby skulle få det tryggt och säkert hos barnafaderns familj. Tillsammans skulle de klara detta. Allt planerades väl innan barnet skulle födas. Men i grannlandet Norge....

Matilda är i Norge på en stor BB avdelning. Där ligger en nyförlöst mamma med förståndshandikapp. Hon bodde på ett särskilt gruppboende. Hur hon hade blivit gravid vid 43 års ålder var en gåta för personalen och även hennes föräldrar. Det visade sig att denna kvinna var trots sitt handikapp så företagsam att hon tagit reda på hur hon skulle kunna bli inseminerad. Och därför rest till ett utomnordiskt land för att få hjälp med detta. Hennes ålder och hennes oförmåga att kommunicera borde ha varit larmklockor för kliniken hon kom till. Men business är business och hon blev inseminerad. Hennes föräldrar var åldriga och hade nu hört av sig flera gånger till BB- avdelningen. Personalen var djupt oroade hur denna nyblivna moder skulle klara av att ta hand om ett barn. De var tvungna att påminna och hjälpa henne med amningen varje gång, likaså hur barnet skulle skötas och bytas på. Barnevernet kopplades in och Matilda förundrades över att de inte varit inkopplade redan under graviditeten.

På samma avdelning finns en ung kvinna 15, år också nyförlöst. Hon älskar sitt barn och sover med den lilla bredvid sig, ammar och byter blöjor och jollrar med sitt barn. Bor med sin ensamstående mamma som har alkoholproblem. Barnevernet hotar bakom knuten, det skulle de alla få se. Matilda försöker få klarhet i om det finns en planering för att komma till ett mödrahem när den unga mamman ska skrivas ut. Men nej, rutinerna är inte så välordnade som i Sverige. Barnevernet har sökt upp en fosterfamilj som ska ta barnet från den unga mamman. De dyker upp 2 stycken personer mitt under förmiddagens arbete på avdelningen. Utanför dörrarna står det två beväpnade poliser. Det råder en tung stämning i luften. Personalen försvinner in i personalrummet och vill inte medverka vid hämtningen. Två nyfödda bebisar hämtas denna dag från avdelningen. Den unga modern skriker av förtvivlan. Hennes bröst är stinna av mjölk och hon ska inte få amma sitt eget barn eller ens vara i närheten av det. Så grymt och hänsynslöst! Matildas hjärta blöder. Varför hade man inte ordnat med mödrahem eller funnit en familj där både mor o barn kunde få omhändertas? Detta var det värsta hon varit med om i sitt yrkesliv. När domstolsförhandlingarna sedan pågår blir Matilda uppringd på avdelningen och tillfrågad hur hon hade uppfattat den unga modern. Det var bara goda ord att rapportera. Trots sin unga ålder hade denna flicka visat sitt ansvarstagande för det lilla barnet på det allra bästa sätt. Hon passar på tillfället att ifrågasätta Barnevernets handlande med hänvisning till hur vi arbetade i Sverige. Både mor o barn borde få komma till en familj tillsammans.

12

Flyktingar

Pastorn i kyrkan ringde Matilda och frågade om hon kunde söka upp en kvinna med ett litet barn som flyttats till en flyktingförläggning några mil därifrån. Matilda och Berta körde i vinterkyla och snö och letade upp flyktingförläggningen som bestod av baracker, sommarstugor och hytter för sommar, sol och camping. Ägaren tjänade stora pengar genom att hyra ut till Migrationsverket efter sommarsäsongen. Matilda får med egna ögon se hur flyktingar som väntar på asyl i Sverige behandlas. Hon talar med någon ansvarig som uttrycker sig föraktfullt när hon uttalar sig om flyktingarna.

– Hit kommer de och berättar de mest osannolika historier, som till exempel att de är av kunglig börd eller välutbildade och haft höga positioner i sitt hemland. Till och med sin egen ålder ljuger de om, och inte har de några ID handlingar. Nej jag tror inte ett dyft på deras uppdukade historier.

Båda blev chockade över attityden. De visste att kvinnan de skulle besöka faktiskt var hustru till en diplomat. Och när det gällde ålder hade en del andra länder en helt annan kalender och tidräkning. Etiopien till exempel använder den Julianska kalendern och tidräkningen skiljer 8 år med den svenska tidräkningen. Födelsedatum behövde korrigeras och ändras för att stämma med den Gregorianska kalendern som vi använder i Sverige. Alltså var etiopier 8 år äldre än vad deras tillfälliga personnummer de fått i Sverige angav.

Matilda och Berta knackar på dörren de anvisats. En blyg liten kvinna med ett barn i famnen öppnar.

Lemlem bodde med sin 9 månaders dotter i ett litet utrymme med sovplats och ytterligare ett utrymme bakom en glasvägg där det fanns en soffa och en TV apparat, ja ni vet hur spartanskt och enkelt sommarstugor är inredda. Matvaror och förnödenheter stod staplade utmed ena väggen och ute i korridoren fanns dusch, toalett och ett gemensamt kök som många skulle dela på. Lemlem kunde berätta sin historia på engelska. Hennes make som var diplomat från Etiopien hade varit ambassadör i Nordkorea och där hade de bott de sista 1,5 åren. Den lilla dottern var född i Nordkorea. Mannen hade hoppat av sin tjänstgöring och de sökte asyl i Sverige. Han kunde omöjligt återvända hem just då. De hade placerats på en flyktingförläggning hopträngda med främmande människor från flera andra länder i en liten lägenhet. Mannen ville att de skulle ta sig därifrån till en etiopisk familj i Stockholm. Lemlem ville inte bli en belastning för en familj som redan bodde trångt där. Mannen gav sig av till Stockholm och hörde inte mer av sig. Lemlem och hennes barn omplacerades som så många flyktingar ständigt till nya platser och förläggningar Nu satt hon här med sitt lilla barn sen en vecka tillbaka, i en ny och okänd miljö, fruktansvärt ensam och utlämnad och ängslig för hur framtiden skulle bli. Hon hade bett personalen att kontakta någon kyrka i närliggande stad. Försökte gång på gång få kontakt med sin man men han vägrade tala med henne. Långt senare skulle hon få veta att han hade lyckats ta sig tillbaka till Etiopien när det blev byte av regeringsregim där. Han ansträngde sig inte för att ordna möjligheten till återförening för sin fru och sitt lilla barn.

Matilda försökte förhandla med personalen om att Lemlem och dottern skulle få fira Jul med hennes familj och också stanna över natt under julhelgen. Det satt hårt inne eftersom ingen var tillåten att lämna förläggningen. Därför fick de tillstånd att endast några timmar under julafton vara tillsammans. Det skar i hjärtat att behöva skjutsa dem tillbaka sen julnatt till det lilla kyffet där de bodde. Det luktade dessutom förfärligt där, eftersom man lagt ut råttgift och det förmodligen låg råttor och ruttnade under golvet. Usch, vilken tillvaro!

Matilda och kollegan Anna gjorde flera besök på flyktingförläggningen och etablerade ett samarbete med personalen. De samlades i en sal för att ge information om det svenska mödravårdens och sjukvårdens program. Flyktingarna erbjöds att komma till den privata mottagningen, Adam och Eva, för mödravård och preventivmedelsrådgivning. Migrationsverket betalade för konsultationerna. Förläggningen hade en buss som körde in till staden en gång om dagen och då kunde flyktingar få en välbehövlig utflykt från vardagen i förläggningen för att uträtta ärenden eller besöka läkare.

13

Norge nästa

När det blev sommar beslutade Matilda sig för att resa till Norge och arbeta tre veckor under semestern för att tjäna lite extra pengar. Det var ett gott beslut och blev en otroligt positiv upplevelse. Kollegorna i Norge var hjälpsamma och tacksamma för att det kom svenska barnmorskor som gjorde det möjligt för dem själva att få semester. Rutinerna var lite annorlunda i Norge, en del bättre, en del sämre än de som Matilda var van vid. Matilda hade erfarenhet av att använda akupunktur under förlossning. En dag fick hon verklig nytta av denna kunskap. En kvinna som födde sitt andra barn berättade att hon vid sin första förlossning blev tvungen att ta ut moderkakan under narkos. Nu hoppades hon att det inte skulle upprepa sig. Förlossningen går smidigt. De väntar på att moderkakan ska släppa efter att ha rutinmässigt injicerat livmodersammandragande medel. Men ingenting händer. Det dröjer en halvtimme, något måste göras.

– Har du något emot att jag prövar med akupressur? Jag har inte några akupunkturnålar med mig men jag kan trycka på de punkter som hjälper till att få moderkakan att lossna.

– Absolut! Du får göra vad som helst bara jag slipper att hamna på operation.

Matilda tar ett tag runt kvinnans två lilltår och trycker med tummarna på de punkter som påverkar livmodern. Det går ett par minuter och plötsligt ser Matilda hur livmodern toppar sig och blir hård. Ut kommer moderkakan med fart, hel och fin, och livmodern fortsätter att dra ihop sig Det blir ingen större blödning efteråt. Vilken häftig upplevelse! Dagen efter möts de på BB och

71

kvinnan har berättat vitt och brett om den svenska jordemodern och hennes tummar!

Matilda skulle senare under veckan också få erfarenhet av den mest medikaliserade förlossning hon någonsin haft hand om, och assistera en annan kvinna vid den mest naturliga förlossning någon kunde få uppleva, helt utan mediciner eller apparater.

När Matilda kom till sitt arbetspass på kvällen blev hon tilldelad en kvinna som hade hotande havandeskapsförgiftning. Förlossningen skulle sättas igång av det skälet. Kvinnan fick mediciner för att starta upp och när värkarna kommit igång kopplades ett dropp med värkstimulerande medel. Droppet blev kopplat till en infusionspump. Samtidigt hade kvinnan fått en ryggbedövning som också var kopplad till en annan infusionspump för kontinuerlig tillförsel. Ryggbedövningen sänkte blodtrycket vilket var bra för kvinnan. Fosterljuden övervakades på en CTG- apparat kopplad till en elektrod på barnets huvud. Läkaren ville ha kontroll på hur effektivt värkarbetet var och Matilda fick lägga in en värkmätare i livmodern som också registrerade en kurva på CTG apparaten. Blodtrycket måste mätas med jämna mellanrum och en blodtrycksmanschett som automatiskt mätte blodtrycket var tionde minut applicerades på kvinnans arm. Det fanns alltså vid detta tillfälle fem olika mätningar som skulle registreras på olika apparater.

Det var natt och kvinnan sov trots att hon var mitt under pågående förlossning. Matilda var imponerad över narkosläkarens suveräna arbete. Kvinnan var totalt smärtfri. I rummet var det dämpad belysning. Mannen som var flygledare satt och stirrade helt fascinerad på alla blinkande lampor och noterade alla värden på ett anteckningsblock. När Matilda kom in rapporterade han. Kvinnan vaknade spontant när det var dags att krysta. Det blev en helt okomplicerad förlossning. Ett teknikens under, som i denna situation var en välsignelse. Havandeskapsförgiftning är mycket allvarligt och ryggbedövningen hade sänkt kvinnans blodtryck till normala nivåer.

Arbetsplatsen före nattpasset var fullt av födande kvinnor. Tre nyförlösta kvinnor behövde omvårdnad och föras över till BB avdelningen. När detta var gjort fann Matilda fem kvinnor som satt i väntrummet och alla hade förlossningsvärkar. Övriga barnmorskor var upptagna under pågående förlossningar. Hon försökte snabbt bilda sig en uppfattning vem av de fem som var i mest akut behov av hjälp. Några kunde gå hem och vila och återkomma senare, de andra fick stanna. Då ropar någon till henne att ta hand om en kvinna som har intensivt värkarbete och ligger kvar i förberedelserummet. När Matilda kommer in och hälsar ser hon en kvinna som är fullt fokuserad och andas sig igenom en värk. Vid undersökningen finner hon att livmoderhalsen är nästan fullt vidgad, det är snart dags att krysta. Oh, då klarar jag det säkert säger kvinnan. Jag visste inte om jag skulle klara mer om det var långt kvar.

Kvinnan flyttas in på en förlossningssal och erbjuds lustgas som hon prövar under nästa värk, men nej det går inte, andningen med djupa andetag stämmer inte alls för henne. Hon kommer att föda helt naturligt utan någon som helst smärtlindring. Kvinnan väljer att halvsitta i förlossningssängen. Matilda har släckt ner till en behaglig belysning i rummet, och samtalar viskande med mannen. Inget får störa kvinnans fokus nu. Krystvärkarna kommer med fem minuters intervall och kvinnan andas igenom varenda en och vilar emellan. Matilda smyger fram och lyssnar på fosterljuden med en trätratt mellan värkarna. Jodå babyn mår alldeles utmärkt. Ingen stress alls. Hon inser att hon själv ska hålla sina händer i styr och inte röra. Matilda hämtar en stor spegel och frågar om kvinnan vill se vad som sker när hon föder. Hon nickar. När kvinnan andas igenom värken, ser både mannen och Matilda en liten hårtofs skymta fram, för att sedan dra sig tillbaka. Kvinnan känner sig uppmuntrad när mannen alldeles rörd ger henne en kyss och bekräftar att han ser barnet komma. Detta sker upprepade gånger. Det är precis såhär sakta och fint slutskedet bör vara hos en förstföderska.

Vid nästa värk kommer halva huvudet fram och kvinnan andas igenom medan huvudet står kvar så och töjer ut mjukdelarna. Kvinnan uppmuntras att se i spegeln vad som sker och vid nästa värk förväntas barnet komma. Nu är det sista värken. Matilda styr ner kvinnans händer till barnets huvud och uppmuntrar henne att förlösa sig själv. Kvinnan tar runt barnets huvud med båda händerna och känner precis hur hon försiktigt ska lirka ut barnet. Så vackert! Så underbart! Matilda hjälper henne att torka av barnets ansikte och lägga upp det mellan kvinnans bröst. Den lilla tar ett djupt andetag, ser med stora ögon på sin mor och ler! Mannen och Matilda blir tårögda. De hade just bevittnat en stark kvinna som födde sitt första barn helt av egen kraft. Det imponerar!

Moderkakan kommer precis som förväntat några minuter senare. När Matilda ser om det blivit någon bristning är det bara en liten glipa som uppstått och hon fäster ett enda litet stygn. Matilda frågar kvinnan hur hon upplevde det hela. Jo, hon hade gått på Yoga för gravida och tränat in hur hon skulle andas. Det var lite kris då när Matilda kom in och undersökte henne första gången, men hon fick ny styrka när hon förstod att det var dags för krystvärkar. Hon tyckte att hon hade full kontroll över sin kropp hela tiden. Det blev precis en sådan förlossning som hon hade önskat.

Vid lediga dagar eller eftermiddagar utforskade Matilda omgivningarna eller reste in till Oslo, huvudstaden. Kolsåstoppen, med en höjd på 379 m ö.h. låg bara ett par kilometer bortanför sjukhuset. Toppen användes av bergsklättrare för att träna inför högre klättringar. Matilda bestämde sig för att trots sin höjdrädsla försöka ta sig upp via stigen som var iordninggjord för turister. Stigen slutade framför en brant klippvägg där man monterat in trappsteg med hjälp av armeringsjärn. Skulle hon klara det? Knäna darrade rejält när hon klättrat halvvägs. Hon fäste blicken högre upp och klättrade beslutsamt upp de sista trappstegen. Skakig och svettig pustade hon ut på gräset ovanför klippan. När hon reste sig upp blev hon helt tagen av den hänförande utsikten. Det sjöng en sång inom henne:

O store Gud, när jag den värld beskådar, som du har skapat med ditt allmaktsord. Då brister själen ut i lovsångsljud, O store Gud.

Här kände hon påtagligt Guds närvaro och fick uppleva ett av sina starkaste möten med Honom. Han visade sig inte för henne i något ljussken eller uppenbarelse, men hon frågade honom om sitt liv och sina varför, ja hon ropade:

– Gud svara mig, varför?

Och en röst så tydlig som en människas svarade henne. Matilda vänder sig om men ser ingen, ändå hör hon rösten så tydligt och nästan som ett andetag pustar i örat:

– Jag vill att du ska lära dig något genom det som sker.

Matilda frågar Gud om varför hennes man blivit så aggressiv. Han svarar:

– Kains vrede.

– Humm, Kains vrede? Jo, den hade sin grund i avundsjuka. Var det så det var? Hennes man var avundsjuk på henne som hade ett arbete hon trivdes med medan han själv inte kunde förverkliga just det han ville. Han hade ju föreslagit att Matilda skulle försörja hela familjen medan han höll på med sina experiment.

Det var verkligen värt mödan att ta sig upp. Försiktigt närmade hon sig ena sidan av klippan och där såg hon ett par som klättrade upp i rep. Det sög till i magen när hon tittade ner, men hon kände sig stolt över att hon på något sätt besegrat sin höjdrädsla och klarat sig upp. Hon slog sig ner och njöt av matsäcken. Nerklättringen var betydligt enklare.

När Matilda fick sin avlöning och skulle resa hem, blev hon verkligen positivt överraskad. Den norska kronan var svag i jämförelse med den svenska. När pengarna var växlade, blev det jämförelsevis två svenska månadslöner för tre veckors arbete i Norge. Wow! Tillbaka på förlossningen i Sverige hade Matilda mycket att berätta om och försökte att värva kollegor och också barnsköterskor att resa med nästa sommar för att arbeta i Norge.

14

Kampen mot könsstympning.

Första gången Matilda hade hört om könsstympning och dess konsekvenser var på en kurs i Uppsala på ICH (International Children Healthcare), strax efter att hon själv kommit hem från 10 år i Afrika. Det blev en ögonöppnare för henne. Matilda blev mycket upprörd och förstod bättre vad som pågått i det fördolda hos vissa folkgrupper där hon arbetat. Trots att det hade förekommit i liten skala i Centralafrikanska Republiken hade Matilda aldrig själv mött en kvinna som var stympad. Nu beslutade hon sig för att ivrigt bekämpa denna sedvänja.

Matilda och hennes kollegor Anna och Berta bokade in sig på SFI-kurser där de kunde föreläsa om kvinnlig köns- stympning och vilka medicinska konsekvenser denna sedvänja förorsakade. De poängterade hur dåligt samliv båda parter fick på grund av kvinnans könsstympning. De berättade också om mödravård och förlossning och vilka rättigheter de som invandrare hade att få ta del av denna vård gratis. Applåder. Budskapet gick in. Många var de som ville samtala efteråt. En pappa kom fram till Matilda:

– Tack för vad du berättade och framför allt den medicinska beskrivningen om vad som händer vid en könsstympning. Han lägger båda händerna över sitt hjärta. - Nu förstår jag mycket bättre vad som händer våra döttrar. Vi män är ju inte närvarande under könsstympningen Jag har beslutat att vår dotter absolut inte ska könsstympas, nu ska jag övertyga min fru.

Matilda blev rörd, tänk att en flicka blev räddad idag! I Annas klassrum hände samma sak. Flickans mamma hade lyssnat och förstått och ville samtala efteråt. Nu var hon också övertygad om att inte utsätta dottern för denna hemska sedvänja. Båda föräldrarna hade kommit fram till samma beslut, oberoende av varandra! De sjöng i bilen på hemresan.

En morgon när hon kommer till arbetet rapporteras det att en kvinna som var könsstympad hade fött. Ingen visste hur man skulle hantera henne efter förlossningen så de hade valt att sy ihop henne igen precis sådan som hon var när hon kom in. Detta innebar att man sydde ihop hudflikar i gamla ärr och lämnade bara en öppning liten som en blyertspenna i omkrets. Matilda blev så fruktansvärt upprörd över detta, hon visste inte att hon någonsin känt en sådan vrede. Vilken kränkande behandling! Matilda sa till chefen att nu måste vi få fram ett PM som gäller för könsstympade kvinnor och hanteringen av deras förlossningar. Socialstyrelsen hade förordat att könstympade kvinnors underliv skulle efter förlossningen åtgärdas så att en så normal anatomi som möjligt återställdes. Det var lämpligt att göra plastikoperation vid detta tillfälle om det behövdes. Chefen tog henne på allvar och det kom fram ett tydligt PM.

Matilda skulle förlösa sin första och enda helomskurna kvinna.(blygdläppar och klitoris bortskurna och slidan hopsydd utom en liten kvarlämnad öppning). Det var inte lätt att göra en vaginal undersökning för att få veta hur långt förlossningsarbetet framskridit. Matilda fick bara in ett enda finger men kunde känna att barnets huvud trängt ner i förlossningskanalen även om hon inte kunde bedöma hur mycket livmodern öppnat sig. De fick förlita sig på att naturen skötte det hela själv. Mannen var tveksam om han skulle klara att närvara under förlossningen men han ensam kunde lite svenska. Matilda övertalade honom att sitta på en stol vid huvudändan och hålla sin fru i handen och pyssla om henne. När krystvärkarna började, fick kvinnan lägga sig i gynläge och Matilda fick lägga bedövning och klippa upp mitt i den hopsydda hudbryggan. Därefter kunde hon se vaginalöppningen och också hur barnets huvud trängde ner närmare bäckenbotten. Krulligt hår började skymta, men öppningen var oerhört stram och full av ärrvävnad. Matilda blev tvungen att göra ett snedklipp för att barnets huvud skulle kunna tränga igenom.

Det blev en fin förlossning, mannen var helt överväldig och utbrast spontant:

– Tänk vad ni kvinnor får gå igenom!

Han uttryckte sin beundran till sin hustru för vad hon just gjort. Trots alla språksvårigheter kunde Matilda förmedla hur hon skulle göra med kvinnans underliv. Mannen tolkade och båda nickade och förstod att Matilda inte skulle sy ihop slidöppningen bara reparera klippet hon gjort. De skulle kunna få ett normalt samliv. När Matilda ett par dagar senare kontrollerar resultatet av sin sykonst har allt läkt fint. Den lilla klitorisknoppen har till och med kommit fram och hudflikarna ser ut som blygdläppar.

– Se här! säger Matilda och håller fram en spegel så kvinnan kan se. Mannen vill också se och är mycket nöjd med resultatet. Han ger Matilda en varm kram medan han upprepar

– Tack. Tack så mycket!

Det är nattpass på förlossningen. En man ringer och berättar att frun gravid i vecka 35 har buksmärtor och mår illa, inte som förlossningsvärkar utan något annat. De är på kalas men han ringer för att han är orolig.

Barnmorskan svarar, - Beställ genast ambulans, åk inte hem emellan, utan kom direkt!

När ambulansen hämtat upp dem ringer de förlossningen för att rapportera. Matildas kollega som svarar förstår att det är mycket akut och tecken på att moderkakan håller på att lossna. Ultraljudsapparaten tas fram. Jourhavande förlossningsläkare väcks, Dropp görs i ordning och en plan görs upp där alla vet vad var och en ska göra. Operationsavdelningen varskos. När kvinnan kommer in på britsen är hon kallsvettig och blek. Läkaren letar efter fosterljud, finner dem, men de är ganska långsamma. Matilda lyckas sätta dropp samtidigt. Sen springer de till operationsavdelningen där operationsteamet redan dukats upp och narkosläkaren söver snabbt ner kvinnan. När gynekologen gjort snittet i livmodern ser hon att moderkakan lossnat helt och flyter i blod. Snabbt ut med barnet som tas omhand av barnläkare. Barnet skriker! Läkaren får stopp på blödningen och det hela slutar väl för både mor och barn. Vilken lycka! Läkarens ansikte fullkomligt strålar som av ett inre ljus när hon kommer tillbaka till avdelningen. I natt räddades ett barn och en mor! Hon tackar oss samtliga för ett perfekt teamarbete. Tänk att få vara i Livets tjänst!

Ett år senare träffar denna mamma och detta barn samma läkare som då kan konstatera att barnet absolut inte fått några skador på grund av syrebrist. Några minuter, ja sekunder kan göra skillnad om barnet ska få en chans att leva frisk!

15

Lemlem ringer till Matilda och berättar att polisen hämtat henne med flera flyktingar på flyktingförläggningen nattetid och kört dem till Arlanda. Hon hade fått avslag på sin asylansökan och skulle utvisas. De får sova i häktet på polisstationen några timmar och blir behandlade som de värsta brottslingar. Lemlem gråter när hon berättar. Barnet kände moderns rädsla och oro och hade svårt att komma till ro. När hon äntligen somnat ser Lemlem hur en polisman kikar in genom fönstret på henne. Han öppnar dörren och går in och tvingar sig till sex. Lemlem känner sig helt förlamad. Inte kan hon skrika, för då skulle barnet vakna. Inte kan hon göra motstånd, för mannen är ju stark, hon skulle riskera att bli allvarligt skadad. Helt rättslös blir hon utsatt för detta övergrepp i ett svenskt häkte! Matilda fylldes av en stark vrede. Hon skäms för sitt land och myndighetspersonerna. Hur kunde detta vara möjligt? Hur kunde en rättslös asylsökande kvinna utsättas för ett sådant övergrepp? Vad var det för dårar som arbetade inom polisväsendet? Detta var ju alldeles förfärligt, till vem kunde man vända sig med dessa fakta? Lemlem var förtvivlad och hade tusen frågor i sitt huvud och undrade vad som skulle hända med dem. Hur länge skulle de tvingas sitta i detta kyffe?

Tidig morgon lyfter ett plan mot Addis Abeba och den unga kvinnan och hennes barn är med på flyget. Detta var inte vad hon själv önskade. Vid landningen uppstår ett stort tumult. Etiopien vill inte betala för att ta emot återvändande flyktingar. Lemlem pratar med en etiopisk polis och berättar hur svensk polis tvingat dem iväg och att hon önskade söka asyl i Sverige. Han tar henne åt sidan i ett angränsande rum. På något sätt lyckas hon övertyga honom att detta är helt fel och mot hennes vilja. Hennes man har *inte hört av sig eller berättat var han finns någon stans. Hon har ingen som väntar på henne i Etiopien. Polisen ser till att hon får följa med på vändande plan till Sverige för att söka ny asyl när de landar.*

Nu när hon ringer till Matilda befinner hon sig på en flyktingförläggning i södra Sverige. Hennes berättelse skakar om. Lemlem är oerhört skärrad och nervös efter allt hon varit med om. Hur ska hon kunna få en framtid i Sverige? Matilda lovar att hålla kontakten med henne.

16

Kan man bli *botad* från homosexualitet?

Sissi hör av sig till Matilda under våren och undrar om hon vill följa med på en veckas konferens i Frankrike. Hon vill inte gärna åka ensam. Sissi hade uppmärksammat en annons i den kristna tidningen Dagen, där den frivilliga organisationen Livlinan annonserade om konferensen. Livlinan är en organisation som stöttar unga kvinnor med psykisk ohälsa samt deras anhöriga. Sissi som själv gått igenom alla helveteskval kände starkt för att göra något konkret för andra. Konferensen hette Exodus vilket betyder *väg ut*.

Frankrike, ja, det lockade verkligen Matilda. Konferensen skulle handla om hur utsatta människor fått uppleva hälsa och inre helande genom psykoterapi och förbön. Detta skulle ge Matilda redskap för den egna mottagningen och rådgivningen, och också vara bra för hennes egen skull, tänkte hon. Matilda trixade med sitt arbetsschema och lyckades få ledigt. Barnen och mannen fick klara sig en vecka utan henne. Under den veckan rullades hennes eget liv upp och både Matilda och Sissi hade en hel del inom sig själva och i sina egna liv som de blev tvungna att ta itu med.

Sissi och Matilda tog tåget till Genève där de hämtades upp av en buss som skulle ta dem till konferenshotellet i Frankrike strax utanför Annecy. Konferenshotellet låg högt på en fjällkedja med en bedårande utsikt över det kuperade landskapet. Stämningen är underbar och förväntansfull. De möter människor från flera länder i Europa och några från USA. Det blir en otrolig vecka. Föreläsarna berättar om sina egna livsupplevelser.

Inledningstalaren Frank Worthen från Nederländerna hade varit med om att organisera denna konferens. Han berättar om hur han hade levt ut som homosexuell under många år. Hur han samtidigt sökte efter sin egen identitet. Vem var han? Var han man eller kvinna? Vilken identitet skulle han välja utåt i det sociala livet? Han var en vilsen ung man under flera år och inte till freds med det liv han levde. Men en dag träffade han på kristna som tog med honom till en kyrka. Han kände att det gav honom lugn och en inre frid att bevista gudstjänsterna. Tillslut vågade han samtala om det som han upplevde som ett stort problem för honom, sin sexuella läggning. Han visste inte hur detta skulle tas emot i denna kristna församling. Det var en varm och öppen gemenskap och Frank blev överraskad över att ledarna erbjöd honom ett terapiprogram med förbön och psykoterapi. Frank upplevde hur han successivt fick tillbaka sin självkänsla. Han kunde så småningom orientera sig till att han var en man med en heterosexuell identitet längst in. Numera var han gift och hade tre barn.

Här citerade han Jesu ord ur Matteusevangeliet kap. 19. Jesus ger i detta kapitel sin syn på äktenskap och skilsmässa. I vers 9 säger Jesus att: *Den som skiljer sig från sin hustru av annat skäl än otukt och gifter om sig, han är en äktenskapsbrytare.* Lärljungarna reagerar på hans ord och säger: *Om mannens ställning till hustrun är sådan är det bäst att inte gifta sig.*

Jesus svarar: *Alla kan inte tillägna sig detta, utan bara de som fått den gåvan.*

Sedan fortsatte han med de svårtolkade orden: *Det finns sådana som är utan kön från födseln och sådana som av människor har berövats sitt kön, och sådana som själva har gjort sig könlösa för himmelriket. Den som kan må tillägna sig detta.*

Matilda hade alltid funderat över varför vissa människor blir homosexuella. När hon läste till barnmorska blev hon varse att alla foster både de som hade ett kromosomalt kvinnligt kön från befruktningen, det vill säga 46XX eller manligt kön 46XY, utvecklas identiskt lika fram till graviditetsvecka 6. Man skulle kunna påstå att alla embryon är *könlösa eller kvinnliga* från början. Efter vecka 6 sker en *switch* och gonaden utvecklas till testiklar hos foster med XY- upp sättning, medan gonaden hos foster med XX- uppsättning utvecklas till äggstockar. Könsorganen utvecklas ur samma strukturer. Det kan bli fel i celldelningen redan vid befruktningen eller också i samband med switchen. Könsorganen utvecklas felaktigt. I Sverige föds det cirka 15 barn per år med oklart kön så kallat *intersex*. Det oklara könet kan vara genetiskt men kan också bero på alla kemikalier i vår miljö! Särskilt utvecklingen hos pojkfoster är känslig. Barn kan födas med olika typer av kromosom uppsättningar. Flickfoster kan sakna en X- kromosom eller ha en extra. Pojkar kan ha en extra X-kromosom. En medicinsk utredning krävs för att fastställa könet och en könskorrigering på medicinska grunder görs.

När nu Frank citerar bibeln blir Matilda påmind om dessa fakta. Hm, Jesu ord om att det finns sådana som är utan kön vid födseln kunde kanske tolkas in här? Menade han rent fysiskt oklart kön? Eller var det människor som kände sig födda i fel kropp? Under konferensen skulle flera talare berätta om hur de av människor *berövats* sitt kön genom övergrepp redan i tidig barndom. Och visst måste Jesus mena att de som gjort sig själva könlösa för himmelrikets skull var människor som avstod från en sexuell relation för att leva i celibat och ge sig hän åt religionen helt och hållet, eller?

Franks egen erfarenhet av homosexualitet ledde till att han startade upp en rådgivningsbyrå, för att möta människor med samma problem som han själv haft. Organisationen blev knuten till en kristen paraplyorganisation, Exodus Global Alliance, vilken hade arrangerat denna konferens. Deras uppfattning var att ingen föds homosexuell utan man blir det *under vägen*. Faktorer som spelade in under barndom och uppväxt kunde vara föräldrars eventuella missbruk av droger o alkohol, deras höga förväntningar på sina barn, andra människors agerande, inte minst om någon utsatte barnet för sexuella övergrepp.

Matildas tankar flyger iväg och hon associerar till ett samtal med en skolpsykolog som frågat:

– Vad sa Jesus om övergrepp mot barn?

– Jo, han förordade faktiskt dödsstraff!

I bibelordet står det: *Ve den som förför en av dessa mina små som tror på mig. För honom vore det bättre att ha kastats till havets botten med en kvarnsten om halsen!* (Markus evangelium 9: 42).

Psykologen var förbluffad. I inget annat sammanhang är Jesus så sträng. Dessa Jesu ord blev nu i konferensen åter levande för henne.

Frank poängterade vikten av kärlek och respektfullt bemötande till alla människor oavsett sexuell läggning. Organisationens inställning var att det var fullt möjligt för en homosexuell person att *reorientera sig* för att kunna leva i en heterosexuell relation. Han själv var ett utmärkt exempel på detta. Detta var helt nya tankar för Matilda. Hon jämförde med hur RFSU och RFSL arbetade i Sverige, på temat: *Det är viktigt att våga komma ut!*

Det finns fortfarande många frågor och spekulationer om hur homosexualitet uppstår. Det biologiska könet är ju avgörande för fortplantningen, men det stämmer inte alltid överens med den sexuella läggningen. Är det ärftlighet bakom? Finns det i generna? Föds en människa med sin sexuella läggning? Eller är det något man väljer själv? Flera forskare har försökt finna fakta. I Sverige betraktades homosexualitet som en psykisk sjukdom fram till 1979, trots att man legaliserat sexuellt umgänge mellan vuxna av samma kön redan 1944. De homosexuella krävde sina rättigheter starkt under nittiotalet. Det blev lättare för transexuella personer att ansöka om könskorrigering via Socialstyrelsens rättsliga råd. Genusvetenskap dök upp på agendan och man började använda ordet *gender*, för att skilja det biologiska könet från det sociala eller kulturella könet. Med gender eller genus menas normer, föreställningar, uttryck och egenskaper, som ett samhälle tillskriver dem. För att förstå skillnaden mellan genus och könstillhörighet används även begreppen *maskulinitet* och *femininitet*. Dessa uttryck kan betyda helt olika saker i olika sammanhang, i olika kulturer och under historiska tidsperioder.

Under denna konferens kulle Sissi och Matilda få ta del av många olika exempel på varför män och kvinnor blivit homosexuella. En av talarna var Susanne, en kvinna från Irland. Hennes livsberättelse berörde verkligen. Född som första barnet i en familj i socialgrupp ett, med en önskan från föräldrarna att barnet de väntade skulle vara ett gossebarn. Hon fick redan tidigt uppleva deras besvikelse över att hon var flicka. För att vinna sina föräldrars kärlek började hon bete sig som en pojke, med våghalsiga lekar tillsammans med pojkar, klädde sig som en pojke och vägrade konsekvent använda klänning eller kjol. Men allt hon gjorde för att få föräldrarnas ömhet var förgäves. Systern däremot, som föddes några år senare, hade föräldrarnas gunst. Föräldrarna fattar ett ödesdigert beslut. Susanne skulle sändas iväg till en katolsk internatskola. Under hennes skolår där blev hon och flera elever våldtagna av både munkar och nunnor. Susanne fick allt svårare att finna sin egen identitet och sexualitet och orienterade sig till lesbiska kvinnor. Inom henne steg en vrede över föräldrarnas brist på kärlek till henne och de oräkneliga övergrepp hon utsatts för. Hon började hata sig själv. Trots allt fick hon goda studieresultat som hon stolt ville visa upp för föräldrarna. De blev inte imponerade.

Susanne tar under sin berättelse fram en flaska full av smutsigheter och väl igenkorkad samt en duk, och demonstrerar inför åhörarna hur hon hanterade sin vrede. Först dolde hon den noga genom att visa en yttre vacker fasad... hon lade duken över. Men vreden bara jäste inom henne. Hon försökte ta bort korken och släppa ut allt som fanns inom henne. Men korken satt fast hur hon än trixade. När detta inte lyckades försökte hon slå sönder flaskan. Men innehållet hade stelnat, så flaskan gick inte sönder. Med detta ville hon belysa hur hon började att straffa sig själv, med självskadebeteende, hon skar sig upprepade gånger och blev inlagd på sjukhus. Men inte heller detta tog bort hennes vrede. Trots detta fick hon inte någon professionell hjälp att bearbeta sin svåra barndom och uppväxt. Men som synes av en slump möter hon en samtalsterapeut som är kristen och vägleder henne till ett möte med Jesus. Ett flöde av kärlek strömmade mot henne. Hon grät ohejdat och länge och det kändes befriande. Till slut kunde hon bildligt talat öppna sin flaska och visa vad den innehöll.

– Jag är livets vatten, sade Jesus, öppna flaskan, ställ den här under det friska flöde som kommer från min källa.

Susanne öppnade sitt hjärta och lät Jesu kärlek flöda in i hennes sinne. Det flödade över. Smutsen som fanns inuti flaskan började försvinna över kanten på flaskan. Ju mer hon ställde sig under det friska vattnet ju mer elände försvann. Till slut var det bara rent friskt vatten kvar i flaskan.

Alla var tagna av hennes berättelse och demonstration. Susanne avslutade sitt föredrag genom att ställa frågor:

- Har du varit utsatt för övergrepp som barn? Saknade du dina föräldrars kärlek? Kände du dig inte älskad? Om det är så, vill jag uppmana dig att ställa dig upp så ska du få personlig förbön.

Matilda och Sissi såg sig om. Det var oerhört många som ställde sig upp, kanske hälften av publiken. Matilda hade under dagen blivit påmind om svåra saker hon varit utsatt för i barndomen. Hon hade verkligen förträngt dem under alla år. Sissi och hon ställde sig också upp. Förebedjare skyndade fram till de som ställt sig upp. De som önskade personligt samtal och förbön erbjöds detta. Man satte sig ner i små grupper. Under tiden spelades lovsånger som deltagarna stämde in i. Atmosfären i lokalen var fylld av en ljuvlighet och kärlek. Folk grät och jämrade sig, en del högljutt, andra under stilla gråt, en del var tvungna att gå ut och kräkas, när allt elände skulle komma ut. Det var en reningsprocess som kändes rent fysiskt. En fransyska kom fram till Matilda och kramade om henne och kysste henne gång på gång på båda kinder medan hon vaggade henne som ett barn. Det var som när en mor tröstar sitt barn som råkat illa ut. Matilda fick lämna alla svåra minnen och de skulle inte längre skada henne. Dagen slutade med lovsång och glädje.

Nästa konferensdag berättar Jonathan Hunter om sin trasiga uppväxt. Hans pappa var alkoholberoende och var inte alls något som helst stöd för sin familj eller någon förebild för barnen. Jonathan gör karriär inom modellbranschen och börjar också med skådespeleri. Blir kändis. Han dras med i Gayrörelsen. Han älskar detta liv med festande och alkohol. Börjar ta droger, allt starkare varianter. Men denna livsstil har ett pris. När han inte är drogpåverkad känner han sig helt otillfredsställd med livet. En dag tar han en överdos av kokain. Tursamt nog upptäcker en vän vad han gjort och kallar ambulans. Där i ambulansen stannar Jonathans hjärta. Han bara vet att han dör. Han får en nära döden upplevelse. Han möts av ett starkt ljus på andra sidan tunneln och förnimmer närvaron av en övernaturlig kraft, ja denna närvaro, det är Jesus!

– Jonathan, säger ljusgestalten, -jag kommer att visa dig ditt liv.

Det är som om en film spelas upp och passerar framför honom. Han påminns om olika händelser genom det han ser och känner också igen sina egna ord och negativa omdömen om andra människor.

Jesus frågar honom: - Jonathan, vad ser du?

– Oh, allting är bara negativt. Det finns inget som varit bra i mitt liv. Jag har inte gjort något som jag kan vara stolt över.

Därefter vaknar Jonathan upp på sjukhuset och upptäcker att han ligger fastspänd i sängen. Han hade krampat. Hans starka upplevelse på *andra sidan*, av det himmelska ljuset och den flödande kärleken från ljusgestalten som han upplever är Jesus, gör att han söker sig till en kyrka. Han beslutar sig för att bli en kristen. Samtidigt undrade han hur hans nya kristna vänner skulle ställa sig till hans homosexuella läggning. Kunde han fortsätta att leva ut sin homosexualitet? Det var inte okontroversiellt i kyrkorna då. Jonathan blev förvandlad och fick en innerlig kärlek till Jesus, ett nytt liv. Med Jesus upplevde han att han inte behövde leva i en mänsklig parrelation för att få kärlek. Han var som en nyförälskad, och ville att andra skulle få uppleva detsamma. Frimodigt började han berätta om hur han mött honom och fått frid. Han sökte sig till en Bibelskola och blev medlem i ett team som sökte upp trasiga människor som sov på gatan. Men tyvärr var hans HIV-test positivt. Han hade blivit smittad under sitt vilda liv. Eftersom han inte ville smitta ner någon annan, valde han att vara singel och vigde sitt liv till att hjälpa andra som hamnat i drogträsket.

Chantal var en kvinna som hade startat egen mottagning i en mindre stad i Frankrike. Hon var utbildad psykoterapeut och erbjöd samtal, psykoterapi och förbön för dem som sökte sig till hennes mottagning. Chantal tog upp ett mycket svårt ämne, dilemmat när en bisexuell man gifter sig och bildar familj, men inte kan avstå från att leva ut sin bisexualitet. Hon hade med egna erfarenheter i bagaget insett att just denna situation var ytterst traumatisk för hela familjen. Hennes egen man, en känd konsertpianist, hade haft ett hemligt utsvävande liv bland män. Obegripligt att Chantal inte förstått! Borde hon inte gjort det? När mannen drabbades av HIV, valde han att avsluta sitt liv. Det hade varit en oerhört svår tid för Chantal och de båda barnen att förlora en älskad make och pappa under sådana omständigheter. Det kändes som ett dubbelt svek. Det tog lång tid för familjen att bearbeta sorgen och att acceptera att mannen hade haft ett hemligt liv. Han hade dessutom utsatt sin fru för faran att bli smittad med en dödlig sjukdom. Chantal var lyckligt nog inte smittad och både hon och barnen hade fått professionell hjälp att bearbeta det de varit med om. Detta hade givit henne styrkan att starta en egen mottagning. Chantal upplevde att hennes mottagning verkligen kunde göra skillnad. Det fanns ett mycket stort behov av att bearbeta trasiga relationer, inte minst hos kristna familjer. Och här och nu berättar hon om en kvinna som hon mött via sin rådgivning.

Claire sitter framför henne på mottagningen. Hennes händer darrar och de första orden som kom ur henne är:

– Var är toaletten? Eller har du en papperskorg som jag kan ha intill mig, för jag tror att jag kommer att behöva kräkas.

Claire gifte sig som ung med en man som delade hennes livssyn och tro och de reste ut på missionsuppdrag tillsammans under flera år. Mannen var fåordig och tystlåten men uppfattades av både sin fru och omgivningen som pålitlig. Claire skulle snart förstå att mannen var mycket konservativ och tungsint. Han hävdade bestämt att enligt Bibeln så var mannen kvinnans huvud och att hon skulle underordna sig honom. Om hon råkade säga något som han tolkade negativt kunde han bestraffa henne med tystnad under ett helt dygn. Atmosfären i hemmet blev tjock av spänning. Vad handlade detta om? Claire försökte förstå och förlåta. Första gången han tvingade sig på henne var när hon fött deras första barn och låg sjuk i hög feber. Han tycktes njuta av hennes maktlöshet medan han tog för sig. Claire trodde att detta var en engångshändelse och förlät honom. Men så blev det tyvärr inte. Det hade blivit vanligt att hon *ställde upp* för husfridens skull och för att han skulle bli lugnare.

Claire började bli rädd att mannen skulle slå henne. Hon försökte skydda barnen för hans allt vanligare vredesutbrott. Hon vädjade till mannen att söka professionell hjälp för sin inneboende vrede. Ofta hände det att när Claire skulle gå till sitt arbete på nattpass fick mannen ett raseriutbrott. Han stod framför henne med kolsvarta ögon och fradgan rinnande runt munnen samtidigt som han vräkte ur sig förfärligheter. Det var som om djävulen själv farit i honom. Claire kom alldeles trasig till sitt arbete och gick in och grät i förrådet för att samla sig inför nattens arbete. Vad skulle hon göra? Hur länge skulle hon orka med detta trasiga liv? Det var som att leva med Dr Jekyll och mister Hyde. Hade hon ork att bryta upp? Vad skulle släkten säga? Och vad skulle kyrkan säga? Skilsmässa var inget man tog lätt på inom kyrkan. Hon kände sig som den värsta hycklare när hon satt där i kyrkbänken med sin man och barn och gav ett sken av den lyckliga familjen.

Det skulle något år senare komma fram att han levde ett dubbelliv, vilket varken Claire, kyrkan eller missionsorganisationen hade anat. Visst hade Claire lagt märke till knepigheter. Nu efteråt kunde hon se det. Såsom plötsliga resor till en annan ort mitt i veckan. Sen hemkost med förklaring att arbetat hade sinkat honom. Förvånansvärt nog hade han inte arbetskläderna på då, utan var omklädd till andra kläder. Claire hade trott på hans förklaringar när hon undrat var han hållit hus sena kvällar. Det blev kaos den kvällen då mannen kom hem och berättade att han blivit *uppraggad av bögar*. Hon undrade om de förgripit sig på honom och ville att han skulle anmäla dem för polisen. Han svarade inte henne på den frågan. Förgäves försöker hon att få klarhet i vad han varit med om. Hur kom det sig att mannen var i parken så sent under kvällen? Gick han själv med på att ha sex med dessa män? Hade han hemligheter för henne?

Några dagar efter denna händelse blir mannen sjuk med hög feber och utslag över hela kroppen. Han svettas kopiöst och måste byta lakan mitt i natten. Claire funderar nu på om maken blivit smittad med en könssjukdom. Hon vädjar till honom att söka läkare. Men mannens egen rädsla och skam hindrar honom att göra vad som måste göras i hans situation. Han struntar i att söka sjukvård, eftersom det då skulle komma fram hur han blivit smittad. Claire oroar sig över att bli smittad. Han får inte komma nära henne längre. Barnen upplever den spända stämningen i familjen. Men detta går ju inte att tala öppet om. Hemligheterna fortsätter. Hon undrade hur hon hade kunnat vara så naiv under alla deras år tillsammans och inte förstått vad han hade för sig.

Vad hade hon själv gjort för fel? Varför räckte inte hennes kärlek till utan mannen sökte sig kärlek på annat håll? Eller var det inte kärlek utan bekräftelse han sökte? Var det spänning och lusta som drev honom? Deras relation försämrades och familjen drabbades hårt. Claire hade vid ett tillfälle sett mannen smeka sin dotter på intima ställen. Det var som om någon kört en kniv genom hennes hjärta. Nej, nej, detta kunde inte vara sant! Hon ville skrika rakt ut men ingenting kom ur hennes strupe. Hon ville rusa fram till telefonen och ringa polisen, men det var som om all kraft runnit ur henne. Hennes kropp blev som gelé och hon var stum av rädsla och förvåning. Dotterns ögon sökte hennes blick som om de ville säga, Mamma ser du vad han gör? och ändå var Claire helt oförmögen att ingripa.

Skulle hon anlita en advokat? Eller skulle hon polisanmäla? Vem skulle tro på hennes berättelse? Ord skulle stå mot ord. Hon visste att mannan skulle förneka allt. Och kyrkan som kanske hade kunnat hjälpa dem kunde inget göra eftersom de inte visste vad som pågick. Det var alltför känsliga frågor att ta upp. Det slutade med en mycket traumatisk skilsmässa och en mycket lång och svår förlåtandeprocess inleddes. Det värsta var inte att mista sin man, han som hade lovat henne trohet intill döden. Det värsta var att skiljas från sina älskade barn och inse att familjen numera var splittrad.

I Bibeln står det att man ska förlåta sjuttio gånger sju. Hade hon inte redan gjort det? Till slut inser Claire att besvikelsen och bitterheten höll på att ta kål på henne själv. Det hon varit med om fick inte förstöra resten av hennes liv. Hon lärde sig att säga STOPP när hennes tankar hamnade i det gamla hjulspåret. Vänner försökte i bästa välmening säga att hon måste förlåta för att kunna gå vidare. Det kändes som piskrapp när hon redan låg på marken, utslagen och ensam. Men det ligger en stor välsignelse i förlåtelsen. En dag får kvinnan en märklig upplevelse. Hon ser i en inre syn Jesus själv stå där med sina armar utsträckta. Hans närvaro är ljus och värme och orden han säger strömmar mot henne som en befrielse.

- Kära du, Jag älskar dig och också din före detta man. Jag står här mellan dig och honom. Jag har redan förlåtit honom och dig. Du behöver inte anstränga dig mer!"

En stor börda föll från hennes axlar i detta ögonblick. Tänk att Jesus förlåter också när jag inte själv förmår.

Det var andlöst tyst i den stora lokalen under Chantals berättelse.

Dagarna fortsatte med lovsång, bibelstudier och bön och förbön. Många fler talare berättade om hur de arbetade med psykoterapi i kombination med förbön för att befria människor från sina kaotiska liv. Ja det var verkligen upplyftande. Själva atmosfären under konferensen hade en helande inverkan både på Sissi och Matilda. De hade aldrig varit med om något liknande.

På hemfärden får svenskarna en hel dag i Genève. Matilda får en ingivelse att försöka få tag i en familj hon lärde känna i Centralafrikanska Republiken och som hon visste bodde i Genève Hon ringer nummerupplysningen och får tag i vännerna. Mannen Felix säger på en gång: - Jag kommer och hämtar dig vid järnvägsstationen. Så roligt så spännande att få ses igen efter tio år.

Familjen Viola bor i ett ganska fattigt område med hyreshusen tätt krypande inpå varandra. Monique och Felix är sig lika, alltid lika sprudlande glada. Barnen är stora nu men bor alla hemma. Äldste sonen studerar på universitetet men de trängs hela familjen i en 4 rumslägenhet. I Schweiz finns det inte samma möjligheter med studiemedel som i Sverige. Ungdomarna får bo kvar hemma tills de utbildat sig och fått ett arbete. Matilda blir förvånad över att Felix och Monique själva måste sova i vardagsrummet för att de äldsta barnen ska kunna ha egna rum och få studie ro. Matilda får låna äldsta dotterns rum. Vilken gästfrihet! De får en trevlig kväll tillsammans. Massor av minnen att dela. Matilda får färska upp sina språkkunskaper i franska. De pratar i munnen på varandra Det bubblar. Felix har inget välbetalt arbete. De lever enkelt. Monique tillverkar smycken för att få en

94

extra inkomst. Universitetsstudierna för sonen kostar mycket pengar. Så bra vi har det i Sverige, tänker Matilda. Hennes äldsta barn läser på universitet och står på egna ben.

Men Felix säger,

– Vi sover lugnt om nätterna och är tillfreds med vår tillvaro. Vad mer kan man önska?

Förnöjsamheten är verkligen en dygd. När hon kryper ner i sin bädd ser hon hur fukten droppar i hörnet och hur tapeterna har lossat. Det är mögel i taket. Så gräsligt att behöva bo såhär, tänker Matilda och längtar hem till sitt vackra radhus. Monique ger henne ett vackert halsband i blå lapissten som hon gjort själv. Vilken vacker gåva! Matilda har svårt att ta emot den, men Monique propsar. Halsbandet blir verkligen ett minne och Matildas tankar går till dem när hon bär detta. När hon kommer hem till sin familj berättar hon för barnen vilken tur de har som bor i Sverige och inte i Schweiz. Tänk att de har chans att läsa och utbilda sig till det de önskar och att studiemedlen finns så de kan leva självständiga liv!

17

När sommaren kommer reser Matilda återigen till Norge för arbete en vecka. Hon sitter på tåget och när tåget gör uppehåll på andra sidan gränsen undrar en man som stiger på om han kan slå sig ner mitt emot.

– Javisst, varsågod, det går bra.

– Ska du på semester eller ska du på jobb?

Matilda svarar spjuveraktigt

– Jag ska på jobb. Kan du gissa? Jag har ett av världens äldsta yrken och jag använder bara mina händer.

Matilda blir medveten om att samtalen i kupén plötsligt tystnar och alla spetsar öronen för att lyssna. Hm, vad hade hon sagt egentligen?

Mannen funderar lite innan han svarar.

– Är du jordemor?

– Javisst, svarar Matilda oskyldigt, och så fortsätter deras samtal. Det går som en djup suck av lättnad genom kupén, och samtalen återupptas. Vad hade de trott?

Det hade skett en stor invandring av kvinnor från Somalia i Oslo under året. En stor debatt, ett riktigt rabalder pågick i massmedia angående just könsstympning. Det rådde en upprorisk stämning. Tidningsreportrar hade trängt sig in på förlossningskliniken för att ställa chefen och personalen mot väggen. Hur hanterade man könsstympade kvinnor under och efter förlossningen? Syddes de igen? Var inte det i så fall ett nytt övergrepp? Hur såg kvinnors rätt till plastikoperation ut? Allvarligt talat var sjukvården helt oförberedd på hur man skulle hantera det hela. De hade haft svårt att freda sig för alla påträngande frågor. Chefen var bekymrad och passade på att fråga Matilda hur man gjorde i Sverige. Matilda lovade att sända henne det PM som numera tillämpades på hennes arbetsplats.

Det blev en bra vecka tillsammans med de norska kollegorna. De fick veta att hon snart skulle resa till Somalia för biståndsarbete. När Matilda reser hem får hon en fantastisk fin gåva av dem. Gåvan är en modell av ett autentiskt kvinnobäcken och en docka i miniatyr med moderkaka och alla detaljer. Denna gåva skulle verkligen komma till nytta i hennes undervisning i Somalia!

Matt.7:21"*Inte alla som säger Herre, Herre till mig skall komma in i himmelriket, utan bara de som gör min himmelske Faders vilja.*"

Jag har mött dem i olika sammanhang

De är poliser, advokater, snickare, barnmorskor, hemmafruar

Ingen av dem gör anspråk på att kalla sig kristen,

Men deras handlingar visar att de är det.

Inlagor skrivs under nattens timmar,

förtroliga samtal mellan fyra ögon,

uppmuntran, beskydd, omsorg, hjälp i rätt tid.

Vem talar om pengar eller ersättning?

De bara gör, delar med sig av det de har

åt andra utan att kräva något tillbaka

De har inte tid att nöta kyrkbänkar,

Det finns alltför många människor som behöver hjälp

Inte heller tid för fromma övningar

När de sliter i sitt anletes svett för att rädda sin medmänniska.

En dag ska Herren säga till dem:

"Jag var naken och Ni klädde mig, sjuk och i fängelse

och ni besökte mig. Hungrig och gav mig mat."

De ska svara " *Men Herre vi har inte sett dig i behov av allt detta"*.

Då ska han svara*: "Allt vad ni gjort mot mina minsta bröder,*

det har ni gjort mot mig. Gå in min Herres glädje"!

Diamanten

Du är en ädelsten så fin så underbar

Många förtrollas av din skönhet

fascineras av strålglansen i alla regnbågens färger

Men få tänker på hemligheten bakom din skönhet

Du formades under hårt tryck och press

Trängdes på alla sidor

Ingen utom experten kunde utanpå det svarta höljet

Se o förstå att du verkligen var en diamant.

Men Han tog dig upp ur det svarta gruslagret

Han såg hur dyrbar du var

Han slipade dig med känslighet

för att din rätta skönhet skulle framträda

Bli synlig för alla människor och konstnären lovprisad.

Tillägnad min vän och bönekompis Bettan

Sköldpaddsmänniskor

Jag möter dem ibland

Dessa försiktiga rädda varelser

Ytterst sårbara med ett tjockt skal som pansar runt sig själva

De är så vaksamma väger sina ord mycket noga

Går sakta framåt

Rädda att styras av en plötslig impuls

De kikar fram ur kanten av sitt skal

Spejar åt båda sidor

Överväger noga, å ena sidan, å andra.

Om fara hotar, kvickt in med huvudet i skalet

Tiden går och försiktigt vågar man sticka ut huvudet igen

Lugnt och stilla utan väsen

Visst är det skönt med sådana människor tycker många

Ställer aldrig till bråk eller ifrågasätter

Men har de någon själ?

Pärlan= Lullu(arabiska)

Vi möttes en vinterdag på ditt arbete.

Ute var kyla mörker o gråhet.

Men genast du fick syn på mig

sprack ditt ansikte upp i ett varmt leende,

 Det var som själva solen.

Ditt handslag var fast och varmt

Jag tänkte, här, här är en äkta människa.

De äkta pärlorna har tyngd i sig

Det lilla sandkornet har utsatts för nötning

Ju mer nötning, ju större och vackrare pärla.

Genom smärta formas så en människa att bli äkta och sann.

Tillägnad min vän, kollega och medsyster Annukka.

18

Uppdrag i Somalia

Ett skrik i natten väckte henne. Det dröjde innan hon kom underfund med att det var hon själv som skrek. Förvirrad satte hon sig upp efter den ständigt återkommande mardrömmen om mannen som hävde sig över henne med hela sin kroppstyngd som om han skulle kväva henne. När hon vaknade var hon genomvåt av svett både på grund av skräcken men också av den tropiska hettan. Det dröjde ett tag innan hon insåg var hon befann sig. Visst ja, i Somalia. Matilda tänkte: Det är alldeles förfärligt vad tabletterna som jag tar som profylax mot malaria kan ställa till med.

Matilda hade några dagar tidigare landat i Somalia med ett uppdrag för Lutherhjälpen och UNICEF. Det var ett ganska oväntat uppdrag hon fått. Hon mindes sina intryck när hon steg av det lilla UN flygplanet som hade fört henne från Nairobi till Kismayu. En ung kvinna kom emot henne och gav henne en välkomstkram samtidigt som hon presenterade sig som Eva och berättade att de skulle arbeta i samma team. Matilda skulle vara samordnare för mödra- och barnhälsovården och Eva som nutritionist ansvarig för de så kallade matcentralerna för undernärda barn. De skulle arbeta nära varandra. Eva förklarade att ingen av de andra team medlemmarna fanns på plats denna dag eller helg. Hon själv önskade följa med vändande flyg till Nairobi för att få några dagar ledigt och frågade om det var okej. Matilda skulle i så fall bli helt ensam över helgen i teamets bostad. Eva presenterade Matilda för en chaufför och några somaliska medarbetare. De utrustade henne med en walkie-talkie och hon fick instruktioner om vilka kanaler som kunde användas för att nå andra hjälporganisationer och vilka klockslag man brukade stämma av med varandra under dagen.

– Tror du att du klarar detta ensam?

– Jovisst, res du.

Under tiden började folk strömma in i ett stort hangartält på flygplatsen där det skulle hållas en stor samling för alla hjälporganisationer som befann sig i området. Man skulle diskutera krigsläget och göra upp ett gemensamt handlingsprogram inför de närmaste veckorna. Matilda gick in i det stora tältet. Hon försökte ta till sig informationen och noterade ivrigt i sitt anteckningsblock. Det var varmt och hett redan 11.00 på förmiddagen. Svetten rann och hjärnan kändes kokande. Efter några timmars information skiljdes alla åt och chaufförerna vinkade in alla i jeepar och bilar som stod uppställda i långa rader. Alla hjälporganisationer hade beväpnade soldater med sig på flaket utom Röda Korset som körde obeväpnade.

Två svenska barnmorskor hade arbetat i Kismayu före henne. De hade rapporterat över sitt arbete till Matilda när de träffades i Nairobi dagen före. Tre mödra- och barn- hälsovårdskliniker var redan igång i Kismayu, samt två ute i byarna Kamsuma och Jamama. På varje enhet fanns det minst två somaliska sjuksköterskor anställda plus assistenter och städpersonal. Två inhemska barnmorskor innehade chefsposter på den samordnande enheten i Kismayu och en dag i veckan skulle de tillsammans med Matilda resa genom Jubadalen till de sistnämnda platserna för att hålla utbildning och förse dem med nödvändigt materiel. Nu var UNICEF:s arbete inne i en fas där man skulle utbilda personalen och också bybarnmorskor, en sorts assisterande barnmorskor som kunde förlösa. Matilda såg verkligen fram mot att få göra detta.

Chauffören skjutsade henne till huset där teamet bodde tillsammans. Gården var inhägnad med plåt och längst upp fullt av glassplitter och taggtråd för att ingen skulle ta sig över barrikaden. Uppe på det platta hustaket höll flera soldater vakt dygnet runt. Är mitt liv verkligen så värdefullt? funderade Matilda, medan hon krängde av sig ryggsäcken i det anvisade rummet som hon skulle dela med en svensk sjuksköterska.

Därefter gick hon ut i köket och träffade köksan och en vaktmästare. Köket var det värsta hon hade sett. Sotigt och fullt av spindelväv. Det vimlade av kackerlackor överallt och råttor kilade omkring i skafferiet. Spisen bestod av två nersänkta gropar i en lång cementbänk som sträckte sig utmed ena väggen. Över gropen låg ett galler och därunder eldades det med ved. Ingen rökgång ut fanns, varför den mesta röken samlades i köket medan en del for ut genom nätfönstret strax ovanför. Matilda ställde sig mitt i köket och betraktade eländet. Det var ju inte konstigt att team medlemmarna hade ständiga diarréer vilket rapporterades av kollegorna i Nairobi. Hon bad vaktmästaren att hämta hjälp för att bära ut alla lösa förvaringshyllor på gården, skura dem med såpa och låta dem stå och torka i solen. Därefter spola väggarna rena, skaffa hem kalk att kalka väggarna med och sätta ut råttfällor. Hon hade inte en tanke på att det var fredag och muslimernas heliga dag. Något måste göras omedelbart. De anställda hade nog aldrig sett en så upprörd europé. Köksan kom med sina betyg för att visa upp vad hon hade för meriter, säkert orolig för att bli avskedad, men vad brydde sig Matilda om intyg i detta läge?

Själv tog hon itu med det oavfrostade kylskåpet. Så mycket is och så mycket härsken mat hon fann där! Det tog hela dagen att få ordning på matförrådet. Väggarna i köket blev nykalkade efter hand och kackerlackornas hemvist demolerades. När teamets medlemmar kom tillbaka efter sin ledighet under söndagen var köket och kylskåpet skinande rent. Matilda hade ingen aning om vad som rapporterades till hennes chef. Det var med skräckblandad förtjusning de övriga i teamet tog till sig vad som åstadkommits i deras frånvaro.

Plötsligt smattrade gevärskulor och granater exploderade alldeles i närheten av huset. Matilda hade läst på att man skulle ta skydd bakom dubbla väggar i ett sådant läge. Hon satte sig på huk i korridoren. Logistikern som kom tillbaka från sin ledighet undrade vad hon gjorde där.

– Jag följer instruktionerna.

– Men det håller ju på så här varenda dag. Du kan ju inte sitta här i korridoren för jämnan!

Under kvällen fick Matilda chans att träffa ledaren för teamet, medarbetarna och sin rumskamrat. Eva kom tillbaka med stjärnor i ögonen. Hon hade träffat sin älskade engelske pilot under helgen. Matilda fick under kvällen information om säkerhetsläget och det berättades att den förre teamledaren hade skjutits sex månader tidigare, just precis utanför porten, när han promenerade hem från arbetet. Kontoret där de arbetade låg ca 300 meter bort. Det var numera absolut förbjudet att promenera till arbetsplatsen. En bil med beväpnade soldater hämtade personalen precis vid porten och skjutsade dem till kontoret. Ingen fick lämna tomten på egen hand och alla var utrustade med en walkie-talkie. Matilda fick också veta att när de skulle resa upp genom Jubadalen så reste man i konvoj eskorterade av beväpnade soldater i tankers, en framför bilarna och en bakom. Kriget var inte slut, det pågick för fullt runt om och flera hjälporganisationer försökte bistå befolkningen i detta kaos.

Matilda var uppe tidig morgon och gjorde sin morgongympa innan det blev för varmt. Det var plågsamt varmt och ett otroligt fuktigt klimat. Huden kändes aldrig torr. På gården fanns en brunn, men vattnet i den var bräckt, eftersom marken var i nivå med havsytan. När man duschade blev håret alldeles styvt av salt och kläderna likaså när de tvättats i det vattnet. Dricksvatten skulle hämtas av tjänarna från en källa längre bort. Ibland hade de inte ids göra det och morgonkaffet smakade konstigt.

Matilda hade gått in på toaletten på natten i mörkret, hade bara en ficklampa med sig. El i huset hade de från en generator under några kvällstimmar, men på natten var det kolsvart. När hon satt sig på toalettstolen känner hon en päls beröra den ena foten. Vad var det? Hon lyser runt och ser en stor råtta försvinna ner genom ett hål i botten på badkaret och på badkarskanten ligger det tvålar som bär märken efter råttänder. Usch! Så läskigt! Kunde man täppa igen hålet?

Frukost med underbar färsk frukt, papaya, ananas, mango, bananer, kaffe och bröd, tillsammans med teamet och därefter iväg till kontoret. Där möttes hon av Isnino och Hawa, de somaliska barnmorskorna som hon skulle arbeta tillsammans med. De tar emot henne med stor värme och Matilda känner omedelbart det där innerliga systraskapet som finns mellan barnmorskor. Det är otroligt. Det spelar ingen roll om man befinner sig i ett annat land och inte talar samma språk, systraskapet och kärleken finns där. Isnino var den vackraste kvinna Matilda någonsin sett och otroligt handlingskraftig. Hawa, lite mera försynt och tillbakadragen, alltid klädd enligt muslimska riktlinjer i höghalsat, långärmat, och schal. Tillsammans blev de ett mycket bra team och började genast planera för utbildningen av by barnmorskor.

Arbetstiden var från lördag till torsdag på kontoret. De besökte tillsammans de tre klinikerna som fanns i staden för att höra hur arbetet förlöpte och om något materiel behövdes. Barnen i mödrarnas armar var väldigt undernärda. UNICEF hade öppnat matcenter på flera ställen i staden, där särskilt de undernärda barnen togs om hand. Eva hade ansvar för dessa. Det ryktades att UNICEF tänkte stänga dessa center och Isnino var väldigt upprörd och bekymrad över det. De båda barnmorskorna beslutade sig för att förhindra detta. De genomförde enkäter och frågade ut alla mödrar som kom till barnavårdscentralen, om familje-förhållanden och livssituation. De flesta kvinnor var ensamma med sina barn. Männen hade försvunnit i kriget. Det fanns inga försörjningsmöjligheter. Barnmorskorna lyckades stoppa planerna på att lägga ner matcentren för de hungriga barnen, när de kunde visa cheferna från Nairobi svart på vitt hur verkligheten såg ut.

Kismayu hade före kriget varit en blomstrande stad med flera industrier, fiskeri, konservfabrik, fruktodlingar och grödor. Det var en sorglig syn att se svartbrända bananplantager, grushögar och tomma gapande fönster och raserade väggar fulla med kulhål, där det tidigare varit framgångsrika konservfabriker. En spökstad som Matilda endast fick en glimt av under färden mellan de olika klinikerna. En enda gång hade Matilda lockats med till torget av Isnino och Hawa. De åkte med den lokala chauffören Omar, utan att ha med sig soldater. Matilda kände sig lite orolig och skuldmedveten. Var det verkligen tillåtet att göra såhär? Omar bedyrade att alla kände honom och ingen skulle angripa bilen när han körde. Det var mer provocerande att åka i en UN bil med beväpnade soldater menade han. Hm. Jo, Röda Korset hade ju aldrig soldater med i sina bilar. Matilda svepte huvudduken noga runt håret och ansiktet. Klädd i långkjol och sjal försvann hon väl i mängden.

Liv och rörelse på torget, kändes som om kriget inte fanns. Stora grönsaksstånd och fruktstånd, kacklande höns och bräkande getter precis som i Centralafrika. Också alla dessa vackra tyger! Isnino valde noga *kangas*= tygstycke att fästa runt midjan, alla tre skulle ha lika kläder, någon sorts arbetsuniform kanske? Hon och Hawa hjälpte Matilda att välja ut ett tunt tyg till en s.k *dirra*= festklänning. Under dirran skulle hon bära en lång spetsunderkjol i bomullstyg. Matilda fann också ett vackert bomullstyg i rött och blått som hon tänkte sy till en långklänning. Så kul att shoppa! Det var verkligen ett roligt avbrott i en lång arbetsdag. John team ledaren hade råkat komma förbi, men såg inte att det var Matilda förrän efteråt.

– Du smälte verkligen in, bravo.

Christina som var ansvarig för läkemedelsförrådet hade bekymmer med råttor. Varje morgon, när hon kom in i förrådet, låg läkemedelsburkarna huller om buller och råttorna hade knaprat hål på plastförpackningar och pulver hade strötts ut överallt. Matilda och hon fann ett pyttelitet hål uppe i taket där råttorna kunde smita ner. Christina inköpte en råttfälla, en sådan där som är som en bur med ett galler som fälls ner när råttan tar betet. Hennes medhjälpare gillrade fällan med lök. Jodå på morgonen fanns det en stor råtta i fällan! Christina bad nu medhjälparen att dränka råttan. Han nickade. Han hade förstått. Men hade han det? Hur menade hon egentligen? Hur skulle han bära sig åt? När Matilda ser ut genom fönstret möter henne en festlig syn. Hon ropar på Christina.

– Kom får du se!

De stirrar båda fascinerade på Ahmed där han står mitt på gården med råttfällan placerad direkt på marken och i handen en trädgårdskanna som han strilar över fällan medan råttan förvirrad springer omkring i sitt begränsade utrymme! Ack denna språkförbistring! Det blev dagens glada historia.

När det blev kväll klädde sig Johan och någon mer av männen alltid i somaliskt skynke. Det skulle draperas på ett visst sätt och de skulle inte ha några kalsonger under. När de skulle sätta sig ner i en fåtölj eller i soffan blev de tvungna att ta ett stadigt grepp om sina pungkulor för att inte råka sätta sig på dem. Det såg roligt ut och alla skrattade. Det beställdes hem hummer och vin både rött och vitt. Matilda kände sig obekväm med att hjälparbetarna tillät sig frossa mitt i den fattigdom som fanns runtomkring. Hm, att köpa hummern kanske var en välgärning för den som fiskat och kunde få betalt? men, men, Matilda tålde förresten inte rött vin, hon blev helt utslagen av det och sömnig. Team medlemmarna brukade skämta:

– Hur vill vi ha det ikväll? Ska vi ha tyst på Matilda eller ska vi lyssna på hennes pladder?

108

– Nej, ge henne inte vin än, vi vill ha roligt först.

Och så fick Matilda vänta på att ta sitt glas tills hon skulle gå och lägga sig och underhålla gänget med diverse roliga historier. Hummern smakade underbart och de satt länge uppe och spelade bluff stop och andra kortlekar.

En kväll har de belgiska soldaterna gillrat en tråd i trappan upp till taket. De ska skämta med en kompis som är ute på ett uppdrag och ska komma hem sent. Tråden har de kopplat till en *flair,* en signalraket. Matilda och hennes rumskamrat har precis lagt sig. Trappan till taket är precis utanför deras fönster som inte har glas utan bara är ett nät. Plötsligt kommer soldaternas överbefäl på ett oväntat besök och soldaterna hinner inte ta undan tråden. Flaren löser ut med ett sprakande gnistregn, och ljusfenomen som håller på under flera minuter. Det börjar brinna i trappräcket. Någon kastar en hink med vatten på elden och vattnet skvätter in genom fönstret. Det börjar lukta bränt virke och metall och det blir en kraftig rökutveckling. Det är alldeles tyst på taket, de hör inte vad som sägs. Men snart rullar skrattsalvorna. Matilda och hennes kompis börjar skratta hysteriskt. Det går bara inte att sluta. De försöker sova, men sen bubblar skrattet upp igen. Så, skönt att få sig ett riktigt skratt!

En irländare dök upp och påstod att han skulle bo i samma hus som teamet. Han arbetade hos UNHCR vilka arrangerade återflytt för flyktingar. Familjer som valde att återvända fick starthjälp både med pengar, och med köksutrustning och filtar. Irländaren beklagade sig för Matilda att han hade en väldig klåda i ljumskarna.

– Vill du se på det? Nej det ville inte Matilda.

– Fråga vår läkare. Mark var klädd i tjocka jeans i värmen.

– Har du inget svalare att ta på dig? Kortbyxor?

– Nej jag har inte fått mitt bagage än.

– Det låter som om du har en svampinfektion i ljumskarna. Inget ovanligt i värmen. Det gäller att hålla det torrt. Se här, sa Matilda Du kan få låna mina viskosbyxor one size. Här har du klorhexidin att tvätta av med. Torka noga och sätt på den här salvan som håller fukten borta.

Mark hade gärna velat klä av sig inför henne, men där fick han tji. Aberra en av läkarna sa med glimten i ögat:

– Jaha, så du behandlar patienter utan att undersöka dem?

– Har du sett hans ljumskar då? Var den diagnosen fel tycker du?

19

Underbara beachen

Fredagar var ledig dag och då kunde teamets medlemmar tillbringa några timmar på den helikopterövervakade stranden. Den löpte flera kilometer med mjuk len sand i bukten och ledde till ett rev som gick ut i havet på ena sidan. Tidvattnet påverkade starkt vattennivåerna. Det berättades om en man som gått ut på revet och blivit kvar där utan möjlighet att ta sig in till stranden igen. Det var ljuvligt att promenera i sanden och höra och se vågorna komma in, kika på alla vackra mönster som krabborna skapat i sanden, himlens och havets ständigt skiftande färger. Revet var också spännande att undersöka, bara man gick tillbaka i tid innan vattnet återvände vid flod. Det gällde också att vara försiktig vid bad och inte ge sig ut i vågorna om det var starka strömmar och att vara observant på att inga hajar fanns i närheten. Stranden inbjöd till reflektion och samtal med varandra. Kriget kändes långt bort och ingen kunde föreställa sig att det fanns något ont i världen. Tiden stod stilla här. Ibland hördes rotorljudet från en helikopter som enda påminnelse om att de befann sig i ett land mitt under brinnande krig.

Matilda promenerade på stranden och fick sällskap av Dr George, en liten satt kenyansk läkare som bodde i Nairobi. Han var en god människokännare och intresserad av att höra hur Matilda hade det, vem hon var, och varför hon var här i Somalia. Matilda berättade hur hastigt allt blivit bestämt att hon skulle resa på detta uppdrag.

– Har du och din man en bra relation? Är det okey för honom att du reste?"

– Nja, just nu visste inte Matilda vad som flugit i honom.

– Han har inte varit sig lik det sista året.

Hon började undra om han var sjuk. Plötsligt en dag hade han med en mäklare i släptåg kommit hem och berättat att han just köpt ytterligare ett hus, ett renoveringsobjekt. Han hade stuckit det påskrivna köpekontraktet i händerna på henne och bett henne skriva under utan närmare förklaringar. Hon förstod verkligen inte hur han tänkte. Det var nätt och jämt att de klarade av att betala räntor på det hus de redan ägde. Hur skulle de klara ytterligare ett hus och dubbelt boende medan ett gammalt hus renoverades. Matilda trivdes faktiskt bra i deras hus. Nej hon skrev naturligtvis inte på. Nu var det faktiskt skönt att få en paus från mannen. Egentligen håller de på att separera. Och här i Somalia kunde hon göra en bra insats under tiden.

– Hur gammal är han?

– Fyrtionio år.

– Aha, jag förstår.

Dr George gör en noggrann utläggning om vad som händer med en man just i den åldern. Ångest inför döden, över att åldras, inte känna sig behövd i arbetslivet. Livet förbi, ingen meningsfullhet längre. Han räknar upp hur detta tar sig uttryck i olika beteenden. Matilda känner igen beskrivningen och nickar ja varje gång. George har just nu träffande beskrivit hur hennes man är och beter sig. Hon är överrumplad.

– Han är otrogen, han har en annan kvinna, avslutar han.

Matilda får mycket att fundera över men har mycket svårt att tro att det är så. Hon lägger sig och vilar i sanddynerna efter den långa promenaden och tänker tillbaka till olika förlossningar hon ansvarat för och som särskilt etsat sig kvar i hennes minne.

Exempelvis var det den norska kvinnan vars man var musiker och spelade på en stor gala i Rom. Kvinnan hade ringt på morgonen till förlossningen och berättat att hon inte känt några sparkar från barnet sedan kvällen innan. När hon kom in kunde man se att barnet inte levde längre. Matilda blev tilldelad att ta hand om förlossningen. Det kändes så tyst och konstigt i förlossningsrummet, inga fosterljud som tickade på eller skulle övervakas. Matilda informerade om hur förlossningen skulle gå till, satte dropp för att få igång ett värkarbete, gav smärtlindring och såg till att den födande kvinnan hade det så bra som möjligt. En väninna fanns med för stöd och hjälp, men det var omöjligt att få tag i mannen under den stora konserten som pågick i Rom.

Mamman hade många funderingar: - Vad har jag gjort för fel? Ville barnet inte leva eftersom vi faktiskt hade tänkt göra abort?

Matilda förnekade bestämt att kvinnan hade någon som helst skuld i det hela.

– Det är bara så livet är, inte ens modern mödravård i världens rikaste land kan skona kvinnor från en sådan tragedi.

Förlossningen gick raskt framåt, det tog inte många timmar förrän det var dags att krysta. En liten välskapad flicka med rosenröda läppar föddes fram snabbt och elegant. Hon var varm och len och kändes ljuvlig att ta i. Matilda lade henne till mamman hud mot hud och packade in barnet med varma handdukar för att hålla kvar kroppsvärmen. Hon kändes så levande. Väninnan fotograferade under tiden och de betraktade den lilla vackra flickan medan mamman viskade det namn hennes man och hon bestämt i förväg. Matilda undrade om mamman ville att en präst skulle komma eller om de skulle göra en liten ceremoni själva.

 Barnet vägdes, mättes och undersöktes och kläddes på i vackra kläder. Det fanns inga fel att upptäcka och hennes död var oförklarlig. Matilda tände levande ljus och sjöng en barnsång enligt mammans önskan. Det var så stilla, värdigt och vackert och tårarna kom. Matilda grät tillsammans med modern och väninnan, sorgen delades. Pappan fick till slut veta vad som hänt och tog första bästa flyg hem till Oslo.

Ett par månader senare skulle Matilda åter arbeta på just den förlossningsenheten. Plötsligt upptäcker hon denna kvinna sittande i väntrummet för uppföljning. Avdelningschefen sade med eftertryck det är *skebnen= ödet,* och gav Matilda uppdraget för ett innerligt och nära uppföljnings-samtal.

Så mindes hon kvinnan med barnet i tvärläge. Det var stört omöjligt att vända barnet manuellt, fostervattnet avgick under manövern. Beslut om kejsarsnitt. På vägen till operation förklarar överläkaren för Matilda att även vid kejsarsnitt är det omöjligt att ta ut barnet om armen och axeln kommer först. Då måste operatören lugnt och försiktigt stoppa in armen igen och vända barnet så att han kan greppa om sätet först. Barnläkaren var kallad, operatören gör klartecken att börja. När snittet är lagt upptäcker han att just det han beskrivit faktiskt händer. Barnets arm och axel är det första som syns. Han hojtar till barnläkaren:

– Nu får vi ett dj…..dåligt barn!

Matilda hör sig själv säga högt, - Gode Gud välsigna detta barn!

Alla tittar upp av förvåning. Operatören stoppar in armen och manipulerar barnets läge, och ut kommer en vilt skrikande rosig flicka som Matilda tar emot i de varma dukarna hon håller. Så underbart! Alla skrattade av lättnad och log mot modern som var vaken under operationen.

Matilda tänker där hon ligger i sanden. Jag måste verkligen undervisa personalen, sjuksköterskorna och bybarnmorskorna om hur de med hjälp av sina egna händer kan förvissa sig om att barnet ligger rätt inför förlossningen och vid minsta tvekan sända mamman till sjukhuset. Det fanns ett sjukhus i staden som Läkare utan gränser ansvarade för. Där kunde man göra kejsarsnitt.

114

20

Assessment

Arbetet i Somalia innebar många helikopterfärder ut till olika byar för ett så kallat *assessment*. Det dundrade förfärligt inne i helikoptern och alla var tvungna att ta på sig hörselskydd. En soldat satte sig bredvid Matilda och pekade på en kniv han hade instucken i stövelskaftet och bedyrade henne att han skulle bli hennes *bodyguard!*

Herzi, ansvarig för skolprogrammet, hade alltid med sig matsäck som hans fru omsorgsfullt gjort i ordning. Denna dag var det hans favoriträtt kamelpuckel, en vit massa som nästan såg ut som tillagad njure! Han frågade om Matilda ville smaka, men hon avstod.

Helikoptern landade i flera små byar. Den första platsen de landade på den här dagen hade drabbats av en räd under kvällen före. Stämningen var tryckt. Ingen rörde sig, inga barn sprang på bygatan och kvinnorna syntes knappt bakom dörrposterna där de kikade fram. Hade människorna i helikoptern, som nu landade nära deras hus, goda syften eller skulle det smälla igen precis som igår? Rädslan var rent fysisk. Det var som om man kunde ta på den. Matilda försökte identifiera vad det var. Jo, tystnaden och spänd vaksamhet. Hela naturen var tyst. Det var som om den slutat andas mitt i ett andetag. Djuren var tysta, inte en hönas kacklande eller en gets bräkande hördes.

Shavel, högste chefen för de belgiska trupperna berättade tyst om den räd som UN hade ansett sig tvungen att genomföra under gårdagen. Jo, det var några dödade och skadade. Skolhusen var helt raserade sen tidigare attacker och byggnader som fanns kvar hade massor av kulhål och var i uruselt skick. Skolbarnens undervisning hade anordnats under skuggiga träd, en klass under varje träd. En svart griffeltavla hade hängts upp direkt på stammen. Barnen satt stillsamt på huk i långa rader och repeterade i talkör vad läraren just sagt.

Kvinnorna kikade nyfiket ut ur hyddornas dörröppningar på främlingarna som kom i helikoptern och mumlade obegripligt medan de pekade på Matilda. Ahmed som gick bredvid förklarade vad kvinnorna sa.

De säger - Titta hon går som en man.

Och då replikerade Matilda - Det är för att jag inte är omskuren.

Ahmed stirrade förvånat på henne.

– Det har jag aldrig tänkt på, att det är därför som somaliska kvinnor släpar fötterna när de går. Ahmed berättade att han hade en liten dotter och Matilda passade på att säga:

– Snälla Ahmed lova mig att du inte låter omskära din dotter.

– Jag ska tänka på det, lovade Ahmed.

Matilda brukade, när de landade i en by, peka på sig själv och säga ett enda ord *umuliso* vilket betyder barnmorska. Genast blev hon omringad av en hel hop av kvinnor som alla ivrigt pratade i munnen på varandra. Det var inte lätt att bringa ordning och förstå vad som sades vid ett sådant tillfälle. Matilda lovade att särskilt utvalda kvinnor från byn skulle få utbildning och ta hand om gravida och deras förlossningar. Erfarna kvinnor vilka själva fött barn eller assisterat vid förlossningar, rekryterades därmed från olika byar för att komma till Kismayu och delta i den planerade utbildningen.

Matildas chaufför Morsel var en sympatisk ung man. Han berättade att han alltid var orolig när teamet skulle resa upp genom Jubadalen. Han hade varit med när en av bilarna i konvojen kört på en mina och sprängts i luften. Själv hade han

116

haft tur som körde den andra bilen. Men synen av den sprängda bilen och sina kamraters döda kroppar kunde han inte glömma. Han visste hur farligt det var att färdas på den vägen. Det fanns också stråtrövare som man kunde frukta för. När Matilda hört hans berättelse kunde hon inte låta bli att berätta om filmen "*Rötter*" som hon hade råkat se på hotellet i Nairobi.

Kunta Kinte, filmens huvudperson, hade lett slavarnas flykt från sina herrar, och satt tillsammans med en äldre man vid flodstranden då den sista flyktbåten med deras vänner lade ut från land. Det fanns **en** plats kvar i båten och den äldre mannen hade förgäves försökt förmå Kunta Kinte att ta den platsen. Nu satt de två där under ett träd medan hundskall och frustande hästar närmade sig. Ingen chans att fly. Då börjar de berätta minnen för varandra. "Minns du den gången då... " och så skrattade de hjärtligt åt det dråpliga minnet. Det fanns inte tid för att låta rädslan eller paniken övermanna dem.

Morsel lyssnade uppmärksamt och var imponerad över männens mod att möta det oundvikliga. Fundersam gick han ut till bilen för att förbereda sig för nästa dags resa upp genom Jubadalen. På morgonen vaknar Matilda med feber och igensvullen hals. Hon kan tyvärr inte följa med teamet denna dag. Framåt kvällen återkommer de från sitt uppdrag. Morsel har mycket att berätta. Denna gång hade stråtrövare dykt upp och tvingat chaufförerna kliva ur bilarna. Morsel steg ur bilen och vrängde ut och in på sina fickor för att visa att de var tomma och frågade den gevärsutrustade och hotfulle mannen som stod framför honom,

– Vad vill du? Se här, jag har absolut ingenting.

 Samtidigt tog Morsel ett steg rakt mot mannen och stirrade honom i ögonen. Mannen tog, alldeles perplex, ett raskt kliv bakåt. Rädslan dallrade i luften. Till slut vinkade han att det var okej att de kunde köra vidare. Morsel berättade att han tänkte på Kunta-Kinte i det ögonblicket och fick mod och kraft att besegra motståndaren. Han var alldeles lyrisk:

– Tänk att det fungerade och ingen kom till skada!

Svenskarna i teamet ska resa till Nairobi för några dagars konferens med Lutherhjälpen och Svenska kyrkan. UN flyget tar dem dit. De passerar mitt emellan två snöklädda fjälltoppar vid inflygningen, piloten pekar ut Kilimanjaro och Mount Kenya. Matilda tar in det vackra bergslandskapet när de flyger in över storstaden Nairobi, som ligger högt beläget och har ett mycket behagligt klimat. Det är en sval bris som möter dem när de stiger ur planet. Så skönt! Klimatet är verkligen pressande i Kismayu. Jakaranda träden blommar just då med sina blåvioletta blommor i stora klasar i en stor allé som sträcker sig genom staden och det finns bougainvillea överallt i olika kulörer. På hotellet väntar en grupp från Sverige, samt de två barnmorskor som lämnat över arbetet till Matilda ett par veckor tidigare. De två hade varit i naturreservatet Serengeti och hade mycket att berätta. Det blir positiva dagar tillsammans, debriefing, återhämtning och avslutning med en festmiddag på en restaurang.

Mitt inne i centrum finns ett café med ett mycket stort, gammalt träd på innergården. Trädet är fullt av lappar och brev som är uppnålade i barken. Där kan man finna folk som letar efter andra personer. Tydligen en gammal tradition som härrör från kolonialtiden och alla västerlänningar tycks känna till detta. Teamet slår sig ner för att ta en kopp kaffe och medan de sitter där kommer det en kvinna som finner ett brev upphängt på trädet. De blir lite nyfikna och frågar henne när brevet är daterat. Det visar sig att det hängt där under ett helt år och väntat på att just hon ska finna det. Snart kommer en man och han finner ett kort meddelande som hängt där en vecka. Folk kommer och går och flera personer sätter upp egna meddelanden. Detta system fungerar uppenbarligen. Därefter måste teamet bege sig till UN:s högkvarter för uppdatering om krigsläget i Somalia och instruktioner hur man ska förhålla sig, innan de dagen därpå återvänder till sitt arbete i Somalia.

Varför var Lutherhjälpen i Somalia?

Matilda hade funderat över varför Svenska Kyrkan och Lutherhjälpen hade fattat ett så drastiskt beslut som att sända ut ett team svenskar mitt i kriget till Somalia. Ett nödrop om hjälp hade nått Svenska Kyrkan och Evangeliska Fosterlandsstiftelsen EFS, om katastrofen på Afrikas Horn, Somalia. Tusentals hade redan dött, och hundratusentals hade tvingats lämna sina hem och var på flykt. Total ödeläggelse och förödelse i många städer och byar. Detta var början till ett totalt sönderfall av landet rapporterades det. Men Missionen hade varit på plats i denna del av Afrika redan så tidigt som 1866, fick Matilda veta. Egentligen ville EFS nå fram till Gallafolket i Etiopien och försökte att nå dit från olika håll, via Eritrea, Kenya, Sudan och Somalia.

En av expeditionerna hade kommit till Kismayu. En missionär Cederkvist byggde en missionsstation i centrum. Huset står kvar än idag. Tanken var att ta sig vidare upp efter Jubafloden och till östra Etiopien eller Abessinien som det då hette. Men det blev stopp vid gränsen och missionärerna stannade i närområdet och började bedriva traditionellt missionsarbete i väntan på möjligheten att ta sig vidare skulle öppnas. Med traditionellt missionsarbete menas att de öppnade skolor, kliniker, förbättrade vattenförsörjningen och evangeliserade. Just i detta område hade Goshafolket slagit sig ner, en folkgrupp med rötter i norra Tanzania. Den andra folkgruppen som bebodde Somalia var somalier och i rapporter beskrivs dessa som ett högrest folk och deras kvinnor som otroligt vackra.

Men krigsutvecklingen i Europa under trettiotalet fick konsekvenser. Mussolini tog makten över Somalia. Matilda förstod att det var därför många i Jubadalen kunde tala italienska och måltiderna teamet serverades var Italien inspirerade. De fick ju alltid spagetti eller pasta med någon italiensk sås innan huvudrätten serverades. Missionärerna från Sverige, nio stycken, tvingades lämna Somalia den 2 december 1935, för att aldrig mer återvända. De efterlämnade vackra byggnader omgivna av en stor trädgård, och i ett skogsområde en kyrkogård, där svenska missionärer var begravda. Men missionen skulle återkomma till Somalia fyrtiofem år senare i samband med kriget i Ogden, en provins i södra Etiopien med i huvudsak somalisk befolkning.

Kriget var mellan Mengistusregimen och motståndsrörelsen (WSLF) Western Somali Libération Front. Det utvecklades till en strid mellan Somalia och Etiopien där de somaliska trupperna tvingades retirera. Det kom en strid ström av etniska somalier från Etiopien och Somalia fick ta emot mer än en halv miljon flyktingar. EFS engagerade sig i detta flyktingarbete, i ett stort läger Jalalasqsi, nordväst om huvudstaden Mogadishu. Detta skedde mitt under det kalla krigets dagar. Sovjet som hade varit ett starkt stöd för Siad Barre regimen i Somalia, hade bytt sida och allierat sig med Etiopien. USA bytte också sida och allierade sig med Somalia inför utsikten att få en flottbas i Berbera i norra Somalia, en bas som Sovjet tvingats överge. Berberas strategiska läge vid inloppet av Röda Havet och Suezkanalen var attraktivt. USA lovade vapen, biståndsmedel och frikostiga lån. Italien, Tyskland och Storbritannien var stora bidragsgivare. Även från svenskt håll visades större intresse. EFS fick förfrågan om engagemang också i den södra delen, just i samma del där missionärerna hade tvingats lämna 1935. I ett nära samarbete med den lokala befolkningen byggdes enkelt fungerande hälsovård upp i centralorterna Saakow och Buale, vilket kom även nomader och människor i avlägsna byar till del.

Nu förstod Matilda bättre hur det kom sig att svensk mission återigen ville komma till hjälp och varför hon själv hade blivit utsänd. Men kriget var obegripligt och kändes fruktansvärt onödigt. Som vanligt var stormakterna inblandade. Det mumlades bland personalen om att man funnit oljekällor i närheten av Mogadishu och det var om något att kriga om. Men ingen journalist hade skrivit om detta. Det var inte lätt att veta om ryktet var sant.

22

Kursen i Kismayu

Äntligen dags för kursen att utbilda bybarnmorskor. Det kom tjugoåtta kvinnor, noga utvalda av bycheferna, de flesta i mogen ålder och alla hade de assisterat vid förlossningar. Det kändes spännande och högtidligt att få välkomna dem till den kursen. Hawa demonstrerade varje morgon hur händerna skulle tvättas innan hon kunde undersöka en födande kvinna. Det var en noggrann ceremoni med borste, tvål och vatten, en ceremoni som upprepades två gånger, med noggrann rengöring under naglar och mellan fingrarna och ända upp till hälften av underarmarna. Rena rama operationstvätten! Hon gick metodiskt igenom hur en undersökning av en gravid kvinna skulle göras och hur man kunde bedöma i vilken fas av förlossningen som denna befann sig i.

De fick lära sig att skriva in uppgifterna på ett partogram för att kunna se att förlossningen verkligen framskred som den borde och att notera att fosterljuden höll sig normala. Ett partogram var ett registreringspapper, ett bra arbetsinstrument, framtaget av WHO och som skulle användas av samtliga barnmorskor världen över. I detta kunde barnmorskan notera hur livmoderhalsen öppnade sig successivt, hur barnets huvud skruvade sig neråt i olika nivåer och hur värkarbetet fungerade varje kvarts minut samtidigt som fosterljud noterades, och man kunde bedöma hur de påverkades under förloppet. Partogrammet hade två linjer som gick diagonalt. Den ena linjen visade på hur det normala förloppet skulle se ut, barnets nedträngande i förlossningskanalen och livmoderhalsens öppning. Om förlossningsförloppet följde linjen var det bra. Avvikelse från detta var ett observandum. Den andra linjen längre ner, *aktion line,* betydde att om den korsades måste barnmorskan ta till någon åtgärd, till exempel ta hål på fosterhinnan för att värkarbetet skulle bli mer effektivt. Långdragna förlossningar kan ta hårt på både mor och barn.

Matilda hade av sina kollegor i Norge fått en modell av ett kvinnobäcken med tillhörande docka, allt i miniformat. Detta kom verkligen till användning nu för att förklara hur babyn roterade genom förlossningskanalen under förlossningen. Och också för att förklara knepiga fosterlägen som blev till hinder för en normal förlossning. Matilda demonstrerade en sätesförlossning och såg hur flera av hjälpbarnmorskorna förstod precis vad som hände vid ett sådant läge. De hade säkert själva assisterat vid en sådan förlossning och nu föll förklaring och alla bitar på plats för dem. Den lilla svanskotan på demonstrationsbäckenet kunde till och med vika sig utåt precis som i verkligheten, för att det skulle bli bättre utrymme i förlossningskanalen. Det blev många "aha" rop och alla ville pröva att lägga den lilla dockan i olika förlossningslägen för att se vad som hände vid snedläge, pannbjudning och så vidare. Kursdeltagarna tog god tid på sig att visa med demobäckenets hjälp och berätta om de komplicerade förlossningar som de assisterat. Matilda hade inte så stor erfarenhet att förlösa könsstympade kvinnor, men detta hade ju de flesta av dem som satt där! Isnino och Hawa fick ta över och förklara hur man skulle undersöka kvinnor med värkar. Ja hur skulle man kunna göra det om man inte kunde undersöka vaginalt? funderade Matilda. Den yttre palpationen var avgörande.

Så kom dagen när ämnet könsstympning stod på schemat. Matilda inledde med att tala om olika traditioner i olika kulturer både de goda traditionerna och de dåliga.

Hon frågade ut dem om deras amningstradition.

– Jovisst ett barn skulle ammas under sina första två levnadsår, så gjorde de alla.

– Hur ofta ammar ni barnet? Hur många gånger per dygn?

– Bah… så kan man väl inte räkna. Barnet får när det själv vill, ibland blir det ofta, ibland mera sällan.

Matilda berättar att i hennes land ammas barnen var tredje till fjärde timme, också på BB- avdelningen, att inte alla kvinnor vill amma utan ger barnen flaskmat istället.

– Är det en bra eller dålig sed? Var ärliga och säg sanningen!

Total tystnad. De tittar förlägna och generade ner och ingen vill svara på den frågan. Inte kan man väl kritisera *vitingarna* och vad de gör i det moderna Europa, tänker de.

– Det är mycket dåligt! Så som ni gör är bra, Det är rätt att göra så. När det gäller amning så har ni en mycket bra tradition. Fortsätt med den. Låt er inte luras tro att det är bättre med flaskmat eller pulvervälling till barnen! Ingenting är bättre än bröstmjölken.

Hon berättade om de kinesiska kvinnorna vars fötter blev snörda som barn för att de inte skulle växa och bli stora. Det var fint med små fötter. Många av dessa barn kunde inte gå på sina fötter utan fick bäras också i vuxen ålder. Detta var gjort med mening för att kvinnor inte skulle kunna springa bort från hemmet. De somaliska kvinnorna gapade av förvåning över denna grymma sed. Hur var detta möjligt?

Vidare berättade Matilda om sitt besök på ett museum i Sverige där hon sett ett kyskhetsbälte. Hon förklarade att gårdens ägare det vill säga maken satte detta runt hustruns länder och låste det med en nyckel när han skulle bege sig ut på resor. Deltagarna bara gapade av förvåning.

– Men det är ju precis som…

– Som vad då?

– Jo det är ju precis som hos oss, männen vill ha kontroll över kvinnan. Det är ju därför vi är könsstympade allesammans!

Det blev lätt att gå vidare i undervisningen. Matilda poängterade att hon inte lade några religiösa eller kulturella aspekter på könsstympning utan fokuserade på de medicinska konsekvenserna som dessa ingrepp hade. Hon berättade om alla komplikationer. Att flickor förblödde och dog ibland efter könsstympningen visste de alla nog så väl.

– Hraaa, Hade de inte sett det?

När undervisningen närmar sig sitt slut viftar ett par kvinnor ivrigt att de vill säga något

– Sister, we can change this! säger en av dem. Det du har sagt här idag ger oss kraft att förändra och gå emot traditioner.

Och så berättar deltagaren om hur de kan organisera sig och bli starka genom att de alla är överens om att sluta upp med att tillämpa denna tradition. Framför allt måste de ge kunskaper till både män och kvinnor. De flesta instämmer och bekräftar att det är sant att just de, de här tjugoåtta bybarnmorskorna kan påverka och förändra, för de är alla oerhört respekterade i sin by och sin klan.

Matilda utbrister förundrad och fullständigt överraskad över dessa ljuvliga ord:

- Oh, Is it really true? Please, Do so!

När Matilda kommer ut på gården ser hon att en hel rad män sitter på bänkarna utanför de öppna fönstren. Oj, då tänker Matilda, de har hört allt jag sagt, nu kan det bli bekymmer. Hon säger till John den ansvarige i teamet,

– Nu John kan det bli ett pris på mitt huvud.

Men han tror inte att det blir så farligt.

Dagen efter ska chauffören Morsel skjutsa Matilda till en av Mödravårdscentralerna. Han tar upp samtalet om könsstympning.

– Vi vet alla vad du sa igår...

Matildas hjärta börjar bulta hårt.

... och ja, vi kan ställa upp på det. Du har rätt, det här med hälsoaspekt, samliv och de biologiska konsekvenserna, det var en viktig synpunkt.

Matilda drar en djup suck av lättnad. Morsel fortsätter,

– Jag har en dotter som nu är 5 år och det är dags för henne. Det finns ett annat sätt att utföra det på.

– Hur då?

– Jo, istället för att skära så tar man en nål och prickar lite på klitoris så det kommer lite blod, en enda droppe räcker för att ceremonin ska bli godkänd, och vi kan ha den stora festen. Jag tänker att vi ska göra så.

Matilda tänker nåväl, det är ju trots allt ett bättre alternativ för flickan, men det kändes ändå fel och onödigt. Men, ja kanske måste denna tradition stegvis försvinna, det kanske inte går att bara sluta upp så där med en gång. Ceremonin handlar ju egentligen om något helt annat. Hon började fundera över sina egna traditioner som funnits och fortfarande existerade.

– Morsel, gör som du finner för gott, men lova mig att inte stympa din dotter! Men du ska veta att klitoris är mycket känslig, lika känslig som ollonet på din penis. Måste man pricka med nålen just där?

Svårigheter att tömma blåsan var en nog så allvarlig komplikation till könsstympning. En somalisk läkare, Dr Yelani, som arbetade i teamet hade berättat om sin fru som inte lyckats bli gravid på grund av stympningen. Hennes njurar hade blivit förstörda eftersom hon inte kunde tömma blåsan helt. Nu arbetade han och sparade ihop pengar för att ta sin fru till Indien för en njurtransplantation. Han hoppades att detta skulle kunna ge henne en chans att fortsätta leva. Han var verkligen en som ville bekämpa denna hemska sedvänja.

– Du Matilda, säger Dr Yelani, Du verkar ha en sådan frid omkring dig. Vad är hemligheten?

Matilda berättar att det är hennes relation till Jesus som ger henne en inre frid. Livet är inte lätt för någon, egentligen är hon själv mitt uppe i sitt livs värsta kris, men att lita till Gud hjälper henne genom allt.

– Kan du be för mig och min hustru? frågar Dr Yelani när han sitter där en fredagskväll och tuggar kat för att stilla sin inre oro.

– Jag lovar att göra det. svarar Matilda med empati.

Tjiiiieee…. …Vad var det för ljud som svepte över taket? Matilda undrade över vad det var hon hörde. Efter en stund kommer en belgisk soldat skyndsamt nerför trappan och kommer in till dem. Han är blek och darrar och säger att fyra barn kunde nyss blivit faderlösa. Matilda skyndar efter en kopp te och låter honom slå sig ner i soffan, och går och hämtar Johan. Vad var det som hänt? Soldaten berättar att han just av ren tur lyckats undvika att bli träffad av en *rikoschett*. Han råkade bara böja sig ner i rätt ögonblick. Det satt prickskyttar på andra sidan gatan och någon hade siktat in sig på honom. Kulan hade slagit i stenväggen där han just hade sitt huvud och kunde ha träffat honom. Detta är ju inte klokt egentligen. De sätter sina liv och hela sina familjers liv på spel för vår skull! reflekterar Matilda.

Under de senaste veckorna hade Matilda lagt märke hur logistikern låtit bygga ett rum på gården, precis intill den lilla matserveringen för personalen. Men hon visste inte vad han tänkte använda det till. Denna dag sitter hon på verandan och hör hur de belgiska soldaterna skriker från lastbilsflaket,

– Laila Fuck you! när de kör förbi inhägnande till teamets bostad. Detta upprepas flera gånger samma dag.

– Fuck you, fuck you Laila!

Matilda undrar varför de skriker så. Laila och hennes mor Abdi arbetar hos teamet med matlagning och städning. Samma kväll ber Abdi Matilda att komma och hjälpa Laila som har fruktansvärt ont. Abdi visar nu in Matilda i det rum som logistikern har låtit bygga. Matilda ser sig omkring. Rummet är vackert smyckat med gobelänger utmed väggarna och strämattor på golvet. Vackra tyger omgärdar en stor bädd. Matilda frågar förvånad om de bor här. Laila nickar jakande, men säger inget mer. Matilda försöker då få svar av Abdi, mamman, men hon bara skakar på huvudet. Laila har fullt av sprickor i ändtarmen och det blöder. De vill inte berätta vad som hänt. Matilda gör i ordning ett ljummet tvålbad till Laila att sitta i under tio minuter. Sedan smörjer hon in henne med bedövningsgel och Laila får instruktioner hur hon ska göra morgon och kväll tills hon har läkt.

Inte förrän efteråt förstår Matilda vad som hänt. Laila har alltså blivit utsatt för övergrepp och männen har genomfört anala samlag. Kunde det verkligen vara sant att soldaterna var så oförskämda, de hade ju tidigare under dagen skrikit "fuck you" från lastbilsflaket? Det var stört omöjligt att få den inhemska personalen att berätta vad som pågick. Hon måste tala med team ledaren och kommendanten. De blir chockade. Allt tystas ner. Men någon soldat får åka hem. Matilda började förstå att somaliska kvinnor inte slapp undan övergrepp trots att de var könsstympade. Enligt traditionen var det en skam om en kvinna inte var oskuld när hon gifte sig. Det var mannen som skulle öppna henne. Alltså användes anala samlag för att bevara könsstympningen intakt! Matilda rös när detta gick upp för henne. Kvinnor var verkligen utsatta oavsett var de bodde i världen.

RNR Efter tre veckors intensivt arbete var det åter dags för fem dagars ledighet för Matilda. Hon fick en förfrågan om hon ville göra sällskap med en ung man från UNHCR, som också skulle på RNR, som ledigheten kallades. Han skulle till Mombasa. Javisst det skulle vara trevligt med sällskap. Hon mindes förra gången hon var ledig och tillbringade fem dagar i storstaden Nairobi, hur ensam hon känt sig. En av dagarna hade hon anmält sig till Safari i ett djurreservat, som hotellet ordnat. Det visade sig att det var bara Matilda anmäld. Hon kom trots allt iväg ensam på en endagstur och fick se många djur. En annan dag shoppade hon förnödenheter till teamet. Men det hade varit så långtråkigt att inte dela sina upplevelser med någon annan. Mombasa skulle ge henne chans till strandliv, bad och sol, beach restauranger med exotiska maträtter såsom krokodilkött, sköldpadda, mm. Och Hector visade sig vara en rolig och underhållande person. De hyrde hästar och red på stranden. Visserligen var Matilda livrädd hela tiden, till skillnad för Hector som var sydamerikan och van vid hästar.

På eftermiddagen när Matilda gör vattengympa och simmar i hotellets pool, kommer ett helt gäng unga amerikanare, UN soldater släntrande. De hoppar i vattnet, kastar boll till varandra och skränar och skriker. De beter sig som skolpojkar på utflykt. Matilda kan inte låta bli att prata med någon av dem. Jo, de är på väg till Mogadishu mitt in i krigszonen.

– Det är bättre ni åker hem igen, ni har ingen aning om vad som ska möta er där, ni kan bli dödade! säger Matilda.

De stirrar oförstående på henne.

Hon tänker hur ska så omogna män kunna göra en insats? Tre dagar senare hör hon via de allmänna nyheterna från UN kontoret att amerikanarna av misstag bombat Röda Korsets

128

sjukhus i Mogadishu och ställt till stor förödelse. Hon hoppades att inte de unga amerikanarna var inblandade.

Hemresan blev en oförglömlig upplevelse när Hector och hon fick äntra ett Herkulesplan som var på väg direkt till Kismayu. Matilda kunde stå upp i cockpit och se ut genom panorama fönstren. Planet flög på låg höjd över strandkanten, de kunde se rakt ner i djupet genom det klara vattnet. Ibland stod maskinen helt stilla i luften medan rotorbladen snurrade, planet hovrade för att piloten ville peka ut något särskilt. Ja detta var en hisnande upplevelse. Vid kajen i Kismayu där planet landar, ligger ett stort fraktfartyg, Zinnia som tillhör UN. Det är utrustat med tandklinik och operationssal och transporterade mat och andra förnödenheter till de belgiska trupperna på sträckan Kismayu-Mogadishu. Verkligen ett imponerande fartyg. Om hon själv eller någon i teamet skulle behöva läkarhjälp eller akut tandvård, skulle de kunna få detta på fartyget.

23

Fredskonferens

Det skulle hållas en fredskonferens i Kamsuma och Jamama. Teamet reser dit i sällskap med en hel kolonn belgiska soldater och översten. Matilda och hennes barnmorskekollegor ämnar träffa personalen på de båda mödra- och barnavårdscentralerna, där utbildning av personal pågått ett tag. Bybarnmorskorna skulle vid detta tillfälle få sina diplom och "UN-kit". Ett kit var en fyrkantig låda i rostfritt som innehöll olika instrument, saxar, peanger, pincett, stetoskop och suturmateriel. Lådan kunde ställas över elden och instrumenten kokas i den efter användningen. Mycket praktisk att använda när en kvinna födde hemma. Lyckliga och stolta tog de emot sitt kit och diplom efter avslutad utbildning.

Efter detta går de till centrum för att närvara vid fredskonferensen. Det är massor av folk och trängsel, och långa tal, och demonstrationståg genom hela Jamama. De blir bjudna på mat. En grundlig handtvätt genomförs ceremoniellt. Matilda hade fått stränga instruktioner om att bara använda höger hand att äta med, men hur det nu är så åker hennes vänstra hand upp för att hjälpa till att göra små paket som hon stoppar in i munnen. Hawa slår till hennes hand. Usch, vad hon skäms. I sin ryggsäck har Matilda stoppat ner sin walkie-talkie. Nu letar hon efter den, men nej den är inte där! Någonstans i trängseln har någon stulit den. Hm, vad ska hon göra? Matilda vet att hon kommer att bli ersättningsskyldig med en summa på 7500 dollar. Hon berättar för teamledaren, som i sin tur talar med översten Shavel. Han lovar att han ska få fram den skyldige och låta honom bli ostraffad, samt ge ersättning till den som tipsar. Väldigt smart tänkt! Matilda känner sig lugnad. Och redan nästa lördag under ett strandparty får Matilda högtidligt tillbaka sin Walkie-talkie av översten Wow! Han hade lyckats! Matilda vet inte hur hon ska visa sin tacksamhet, medan hennes medarbetare säger:

– Allah måste älska dig!

Kvällen är fin. Man ska säga farväl till tre medarbetare inom UN. Alla ser fram mot att få lite avkoppling och grillad mat. Det ser verkligen inbjudande ut med dukade bord, ljuslyktor på stranden, skymning och vågornas rogivande skvalpande och från de två grillarna doftar det gott. Det är ganska många samlade och ett par soldater stannar vid bilarna för att hålla vakt. Matilda träffar många hon aldrig sett förut och får ett erbjudande från en rysk pilot från Ukraina om giftermål. Han menade tydligen allvar och försöker med tolkens hjälp marknadsföra sig själv om vilken underbar plats han bor på precis vid Svarta havet, och hur mycket pengar han tjänar som UN pilot. Hon bara skrattar och säger att nej hon är gift och har familj och vill verkligen inte flytta till Ukraina.

Kursen för bybarnmorskor i Kismayu avslutas med en fest på kontorets innergård. Kvinnorna skrattar och dansar och drar med sig Matilda i en väldigt sensuell dans, förstår hon. Alla får ett diplom och ett UN-kit med instrument. Nu ska bybarnmorskorna tillbaka till sina respektive byar och Matilda och hennes kollegor kommer att resa med helikopter till byarna för att med egna ögon se vad de lyckas åstadkomma där.

En dag när Matilda sitter och arbetar på kontoret kommer det in en ung man som vill prata. Utanför fönstret ser Matilda dagligen hur muslimerna förrättar sin bön på regelbundna tider. Den unge mannen frågar om Matilda är kristen.

– Ja det är jag.

– Ni kristna ber väl inte till Gud? Jag ser inte att ni gör det.

– Jovisst ber vi, Jag brukar be varje morgon och kväll och under dagen har jag hjärtats samtal med Gud.

– Aha, han nickar överraskad av svaret. - Är det så? Jag har alltid haft en stark önskan och längtan att få höra Guds röst. Har du gjort det någon gång?

Matilda nickar.

– Berätta hur jag ska göra för att höra Guds röst

Matilda får en plötslig ingivelse.

– Brukar du lyssna på radioutsändning från något annat land?

Den unge mannen nickar. Jovisst gör han det.

– Men kan du förklara för mig hur det är möjligt för dig att höra vad de säger i Nairobi? Måste du inte skruva på din radiomottagare och finna rätt kanal mitt i allt brus från andra radiostationer?

Han nickar.

– Så är det också med Gud. Han har en sändning på gång till oss människor ständigt. Men vi behöver fokusera, stänga ute allt annat brus och lyssna in den rätta kanalen. Jag är övertygad om att du kommer att få höra hans röst eftersom du önskar detta så starkt.

Den unge mannens ansikte skiner upp innan han tackar för sig och går ut.

I Fanole utanför en av Mödravårdsklinikerna planterar man en köksträdgård. Flera lastbilsflak med matjord hade fraktats dit av soldaterna och nu skulle det odlas nyttiga rötter och bönor. Det skulle ju vara bra att kunna laga barnmat till de undernärda barnen och inte bara stoppa i dem UN protein kex eller torrmjölk. De här barnen behövde extra näring. Lokala produkter och nyskördat var ju absolut det bästa. Matilda undrade om inte UN kunde skriva kontrakt med lokala bönder om att köpa in ris, majs och bönor från dem för att använda vid de *Feedingcenters*, som drevs av UNICEF. Varför skulle kex från Amerika köpas in och fraktas dit? Hellre inspirera befolkningen att kunna komma igång med odlingar igen nu när militären var närvarande för att skapa lugn. Hon frågade kolonelen om inte detta var möjligt. Men byråkratin var inte lätt att kringgå.

Det är också i Fanole som personalen samlas för fem dagars seminarier. De gör redan ett mycket bra arbete men behöver få påfyll av sina kunskaper och chans att träffas och samtala om olika scenarior som inträffar och hur man kan hantera svåra situationer som uppstår. Under rasten ställer de sig under det stora akacieträdet på gården. Matilda klädd i långkjol och sjal står där och samtalar när en man kommer fram och ilsket säger:

– Du är inte muslim! Du kan inte vara klädd sådär.

Det blir tyst i gruppen och alla stirrar på Matilda och undrar vad hon ska säga.

– Nej, jag kommer från Sverige och är kristen. På sommaren i mitt land när det är varmt klär jag mig i shorts och bara ett linne. Skulle du kunna acceptera att jag klädde mig så, här i ditt land?

– Humm.

– Jag har klätt mig i Somalisk dirra och sjal för att jag vill visa respekt för ditt land och ditt folk.

När mannen förstår vad hon sagt, bugar han sig ödmjukt och respektfullt och säger,

– Tack, tack så mycket, och lommar iväg lite skamsen.

Personalen jublar.

– Bra Matilda, bra sagt!

En av sjuksköterskorna bjuder in henne till sitt bröllop. Matilda frågar Johan om lov och får låna en Landrover och två beväpnade soldater för att köra dit tillsammans med fler ur teamet. De får lova att vara borta högst 1 och ½ timme. På en innergård har man satt upp gobelänger runt väggarna och lyktor och levande ljus sprider ett varmt och mysigt sken tillsammans med månskenet. Den stora bröllopstårtan står mitt på bordet och brudparet ska gemensamt skära den första biten och sedan mata varandra. En symbolik för hur de ska se till varandras behov. Det blir en verkligt trevlig fest och alla dansar runt i en gemensam dans. Det kändes hoppfullt att unga ville gifta sig och vågade se fram mot en positiv framtid mitt under kriget.

Team ledaren Johan hade arbetat flera år i Sakow innan han kom till Kismayu. Han talade somali helt flytande utan accent. Hela teamet följdes åt dit för en arbetskonferens och för att avsluta utbildningen av sjukvårdspersonalen där. Där fanns ett par svenskar på plats som höll i utbildningen av bybarnmorskor. Det blev en trevlig dag och många beslut fattades om hur arbetet skulle fortsätta i framtiden. Sakow var en viktig plats. Det bodde många i området, som var i behov av mödra- och barnhälsovård samt sjukvård. Alla som deltagit i utbildningen för bybarnmorskor fick sitt diplom och en ryggsäck med ett barnmorskekit, samt en kanga=tygstycke som kvinnorna knöt runt höfterna. Johan höll ett strålande examenstal till deltagarna på somali. Nu fanns det många utbildade bybarnmorskor sammanlagt.

24

Avslut i Somalia

De tre månaderna närmar sig sitt slut. Matilda kan summera att inget allvarligt hänt henne. Det har fungerat bra mellan de olika medlemmarna i teamet, och hon känner sig nöjd med vad hennes somaliska kollegor och hon kunnat åstadkomma när hon lämnar över stafettpinnen till Maria. Den sista eftermiddagen vill personalen dekorera Matilda med hennamålningar. De kallar dit en kvinna som är mycket konstnärlig och hon målar vackra mönster på Matildas fötter och insidan av underarmarna.

– Var försiktig och tvåla inte in för mycket på konstverken när du duschar. De kan då sitta kvar under tre veckor.

När Isnino och Hawa tar farväl berättar de om det hemliga namn som Matilda fått. Du heter **Farahx** och det betyder glädje. Du har fått oss att skratta och le mitt under det dystra kriget! Deras kramar vill aldrig ta slut. De undrar om de någonsin ska få ses igen.

Matilda hade en önskan hon ville förverkliga innan hon reser hem till Sverige. Tänk att få göra en resa med det gamla ångdriva tåget från Nairobi till Mombasa! I Nairobi hade hon vid ett tillfälle besökt Karin Blixens museum som hon kände igen från dokumentärfilmen *Mitt Afrika.* Filmen handlade om Karens liv och hade berört Matilda mycket starkt. Nu ville hon göra samma tågresa som hon hade sett på film. Till sällskap och guide på resan får hon en kenyansk vän, som hon lärt känna någon av de första dagarna hon landade i Nairobi. David var en kristen gift man med två små barn. Han var hovmästare på hotellet och hade bjudit henne på kaffe och suttit och pratat en kväll. När han fick höra om det farofyllda arbete Matilda hade i Somalia, lovade han att bedja för henne varje dag. Han skrev ofta uppmuntrande brev till henne, vilka betydde oerhört mycket. Tänk att få ha en riktig vän som var så behaglig i sitt sätt och fick henne att må så bra i sitt sällskap! Varje gång hon kom till Nairobi, tog han fram den extra väskan som hotellet förvarade åt henne. I den hade Matilda lite bättre kläder. De hon använde i Somalia blev helt sönderfrätta av saltvattnet som kläderna tvättades i. Det var lyx att få sova i ett rent hotellrum att duscha sig ren i varmvatten och tvätta ur det styva håret.

Matilda tog en taxi till ett stort köpcenter och ägnade dagen åt inköp. Toalettstolen i Kismayu var trasig. Var kunde hon få tag i en ny? Arbetskamraterna i Somalia hade beställt olika saker de behövde. Matilda sprang runt i alla butiker. Hawa behövde några BH er. Hur skulle hon veta vad som var rätt storlek? Jo, Hawa hade klippt till några band som motsvarade måtten över byst och under byst. På damavdelningen var det en ung manlig expedit som visste allt om BH och underkläder. Matilda tyckte det var festligt att stå och dividera med honom vad som kunde lämpa sig. Jo, Hawa hade en kraftig och ganska tung byst, den skulle inte rymmas i hans hand! Fnitter. En annan kvinna önskade få tag i hårborttagningsmedel som hon skulle använda i sitt ansikte. Det var ju extra känsligt och viktigt att få tag i en skonsam produkt. Kvinnan hade verkligen en besvärlig och ful hårväxt mitt i ansiktet.

Nu har hon kommit till Nairobi för sista gången. David och hon planerar resan de ska göra till Mombasa. Det kändes tryggt att få resa tillsammans med honom. Det blir en fantastisk resa att minnas. Tåget kör väldigt långsamt. Det är precis som i filmen. I restaurangvagnen har en supé dukats upp på vita linnedukar och med brutna servetter. Runt fönstren hänger sammetsgardiner och det finns små bordslampor tända på varje fönsterbräda. Stämningsfullt medan det mörknar och blir alldeles kolsvart utanför. En trerättersmiddag serveras och avnjuts tillsammans med kenyanskt vin. De har mycket att prata om hennes vän och hon, och sitter kvar länge i restaurangvagnen.

När måltiden är över finner hon att sängen är bäddad och klar i hennes kupé. Det finns tvättställ infällt i ett mahognyskåp och rinnande vatten. Matilda gör sin kvällstoalett och kryper ner mellan manglade lakan. Hon försöker sova medan tåget lunkar fram i sakta mak. Det är ett gammalt ånglok som drar och puffar ut sin rök med jämna mellanrum. Matilda känner sig förflyttad tillbaka till kolonialtiden. Så här måste det varit.

När det blir morgon hörs en kör av barnröster utanför fönstren. Resan går genom en by och barnen är på väg till skolan. Matilda lutar sig ut och vinkar åt alla sjungande och vinkande barn. Luften känns mycket varm och fuktig inte alls som i Nairobi som ligger på 1,300 m höjd. Nu närmar de sig kusten och havet och Mombasa där hon varit tidigare på en ledighet. De fick ett par avslappande dagar vid havet och gjorde utflykter till olika sevärdheter. Gamla borgar från kolonialtiden, en ormfarm och en taxiresa till Malindi, vilket är Davids barndomsstad. Det är en otroligt vacker stad med en härlig lång sandstrand, lugnare tempo och en stilla fridfullhet.

Matilda behövde dessa dagar för att hinna ifatt sin själ, efter allt hon varit med om i Somalia. Hon satt vid stranden, och njöt av de rogivande vågornas skvalpande medan hon filade på sin rapport som skulle lämnas till UNICEF. För henne var det nytt att använda engelskan som arbetsspråk. På uppdragen i Centralafrika hade hon alltid använt franska. Hela tiden smög sig nu envist franska ord och fransk ordföljd in när hon skrev. Matilda kunde inte låta bli att skratta åt alla tokigheter. Det var bara att skriva om på nytt igen och igen och få hjälp med att korrigera. Det kändes viktigt och bra att bli tvungen till att reflektera och göra en summering av de tre månader som uppdraget varat, inte minst för hennes egen del. Återresan med ordinarie tåg till Nairobi gick på några timmar och sent nästa kväll var det dags för flyget hem till Sverige.

När Matilda landar i sin hemstad känns flygplatsen väldigt liten. Hon har glömt hur litet det är. Det känns som om väggarna ska falla över henne. En småstad där det inte hände så mycket och inget synligt folkvimmel. En helt annan puls. Yngsta dottern skyndar fram och möter henne på flygplatsen. De kramas hårt och länge och gråter glädjetårar över att se varandra igen. Dottern har varit så orolig för vad som kunde hända hennes mamma mitt i kriget, och Matilda har saknat henne så fruktansvärt mycket. Men var är mannen? Han står utmed en vägg utanför terminalen, ser mycket skamsen ut och slår ner blicken när hon får syn på honom. Det verkade skumt. Han hjälper henne med väskorna men hon får till sin förvåning ingen välkomstkram. Dottern har bakat en tårta och satt in en fin bukett blommor på bordet. Matilda känner sig yr efter den långa nattresan och måste nog gå och sova. Men nej, det går inte.

25

Året när allt händer

Det var som Dr George sagt. Matildas man hade blivit förälskad i en annan kvinna, en som hade kallat henne själv för väninna. Kvinnan hade suttit hemma i hennes soffa och beskrivit smärtan av sin skilsmässa, när mannen hade kört ut henne från hemmet. Hon hade ett bra arbete och klarade sig väl ekonomiskt, men ensamheten var svår.

Matilda hade visat empati och givit henne råd. Om du vill ha en chans att träffa en ny man behöver du fixa till dig lite. Klipp håret i en kort frisyr, och tag bort dina synliga svarta amalgamfyllningar, menade Matilda.

Kvinnan tog vara på rådet. De hade båda söner i samma gymnasieskola och cyklade dit för att lyssna på konserten som pojkarna skulle ge. Väninnan kom allt oftare på besök. Men det var tydligen helt andra skäl bakom hennes visiter hemma hos dem, än att umgås som väninnor. Matilda fann när hon kom hem från sitt tremånads uppdrag i Somalia, ett kärleksbrev skrivet till hennes egen man, av just denna kvinna, i det skrivblock som hon alltid hade liggande på köksbordet.

Det var en dag när Matildas mamma satt med henne vid köksbordet och pratade det hände. Matilda skjuter över blocket till sin mamma.

– Se här!

Hennes mamma läser.

– Nu blir du av med honom! Ja, ja, när katten är borta dansar råttorna på köksbordet.

Chockerande. Tänk att George hade rätt! Han var verkligen en människokännare. Det blev husförsäljning och skilsmässa med allt vad det innebar. Och mannen gifte om sig i en väldig brådska. Det lyste för paret innan huset var sålt och bodelningen kunde genomföras.

Hur går det då för Sissi då? Matilda och Sissi har inte haft så mycket kontakt sen de var på konferens i Frankrike. Nu har det gått mer än ett år. Sissis man hade funnit en annan kvinna och trots att han levde med den nya kvinnan i hennes hem, vägrade han att skriva under skilsmässopapperen. Detta slog hårt mot Sissi som därför inte fick hjälp av samhället att klara räntor och avgifter för det parhus de bodde i. Och mannen bidrog inte fast han var skyldig att betala hälften. Dessutom hade han låtit henne skriva på ett lån som borgenär. Hon trodde att lånet gällde huset, men det visade sig vara till inköp av en ny bil till honom själv. Nu är Sissi i en mycket svår belägenhet, hur ska hon klara hyran och lånen ensam? Hon har inget välbetalt arbete och de två yngsta barnen bor kvar hemma. En ung man erbjuder henne pulver. Hon bara skrattar och säger nej.

– Nej, sådant där ska jag inte ha.

Men frestelsen blev för stor och Sissi börjar med droger igen. Hon försöker förgäves få sin man att ta reson och skriva på skilsmässopapperen, hon ser ingen utväg längre, lika så bra att hon försvinner. Då tar hon en överdos. Sonen finner henne i tid. Magpumpning, tvångsintag på behandlingshem. Barnen omhändertagna, sonen placeras hos pappan, dottern flyttar långt bort för att ta hand om sig själv trots sin ringa ålder. Så mycket smärta och så mycket vånda och sorg! De sociala myndigheterna lovar att ta hand om allt det praktiska och ekonomiska, lån och hyror. Se nu till att bli frisk säger de till Sissi, när hon sänds till behandlingshem enligt lagen om psykiatrisk tvångsvård, LPT. Men när Sissi kommer hem igen på en permission är det ingen som tagit hand om allt. En man från bostadsrättsföreningen står med alla hyresavier i handen och hotar med vräkning. Hennes man som hon fortfarande är gift med enligt lagen har inte betalat någonting alls, inte fått några kravbrev från socialen, och fortfarande inte skrivit under några skilsmässopapper. Sissi vet sig ingen råd. Hon är ju så sjuk och har ingen ork. Detta är ju moment 22. Totalt låst.

Om detta veta Matilda ingenting. Hon har fullt upp med att ta hand om sitt eget kaos. Matilda är i Norge och jobbar när Sissi i sin stora förtvivlan begår självmord inlagd på psyksjukhuset sen flera veckor. Ja hon gjorde faktiskt det, för det blev hjärtstillestånd. Man hade funnit henne livlös i sängen på kliniken, där hon var tvångsintagen. En man hon lärt känna på sjukhuset närmaste anhörig? står med i rummet då läkarna försöker få igång hennes hjärta med hjärtstartern. Två misslyckade försök. Nej, det är ingen idé, säger läkaren och vill just dödförklara Sissi. Mannen övertalar läkaren att göra ett tredje försök och det lyckas. Hjärtat slår igen, Sissi lever! Vägen är lång tillbaka till livslusten och ett drogfritt liv. Flera månader på behandlingshem. Men hon skulle lyckas.

Matilda njuter av Norge, den storslagna naturen och den friska luften. Det är full vinter när hon kommer dit i slutet av november. Hon har en bedårande utsikt från sitt köksfönster. De höga snöklädda fjällen och en brusande fors. Det är inte samma stress som i Sverige utan ett lugnare tempo, som är helande för Matilda. Hon arbetar tre veckor, reser hem en vecka, prioriterar sin tid med yngsta dottern, och tjänar bra med pengar. Hela julhelgen ska hon arbeta. Det är den första jul som hon inte firar tillsammans med familjen. Det känns sorgligt tomt, men hon skulle inte orka ordna med en familjefest efter alla konflikter som tornat upp sig i samband med betänketiden före skilsmässan. Skönt att bara få lämna det.

Mia är en ung ensamstående mamma. Hon har tagit sin tillflykt till Norge under en skoltermin för att sonen ska få lugn och ro. Hans skolklass i Sverige var kaotisk och han blev otroligt mobbad och knivhotad. Matilda ryste när hon hörde att skolbarn i Mölndal bar kniv. I Norge går sonen i en lugn och fin klass, får massor av kompisar och mår väl. Matilda, Mia och hennes son gör utflykter tillsammans. Nu är det julafton och Matilda och Mia har gått av sina arbetspass och väntar på att hennes son ska komma med sin pappa. Han har varit hos sin pappa sen skolterminen slutade. Det är inte några lätta vägar att ta sig fram på i snöväder, väntan blir lång och orolig. Men tills sist är de framme och kan fira en fin julafton tillsammans med lite smått och gott och en sprakande brasa i spisen.

För att få arbeta i Norge måste man lämna olika prover. MRSA provet var OK och klart, likaså tuberkulosprovet och lungröntgen, men varför fick hon inte svar på HIV-testet? Matilda ringer till laboratoriet för att fråga vart analysen tagit vägen. De säger att hon måste få svaret av en läkare. Genast förstår Matilda att provet inte är OK. Ja, och vem är det då? undrar hon. Jo det råkade vara en kirurg, som ibland hade jour på förlossningen. Det fanns en enda gynekolog på sjukhuset och han var ju tvungen att vara ledig någon gång, och då var det denne kirurg som kunde utföra kejsarsnitt som var ansvarig på förlossningen. Annars fick barnmorskorna klara sig helt själva. Matilda ser att nämnda läkare ska vara jour till helgen och då kan hon ju fråga honom.

När han dyker upp för att få rapport om läget, passar Matilda på att berätta att hon ringt laboratoriet och nu vill hon veta svaret. Läkaren gruvar sig, han ser mycket besvärad ut och så säger han att detta är det svåraste besked han någonsin har givit någon. Värre än att säga till någon att det rör sig om cancer. Han hade fått svaret från laboratoriet några dagar tidigare och hade undvikit att stöta ihop med henne. Hur skulle han kunna delge en barnmorska i sina bästa år att HIV testet inte var Ok?

– Jag har en tro som bär mig, säger Matilda, kan jag få se svaret?

På papperet står det att resultatet är osäkert och att provet måste sändas vidare för att testas med en annan metod på rikshospitalet i Oslo. Ett nytt test borde tas om tre månader. Läkaren är blek och kallsvettig, men lättad över att beskedet är klargjort. Matilda ringer laboratoriet igen och undrar vad de menar med osäkert svar. Kunde det innebära att hon varit utsatt för smitta och att hennes kropp jobbade med det hela? Räknas jag själv som smittosam?

– Nej, vi måste sända provet vidare för en ny bedömning på rikshospitalet i Oslo. De analyserar med en annan metod.

– Hur lång tid tar det att få ett nytt svar?

– Ungefär sex veckor.

Ett osäkert svar är inte det samma som att testet är HIV positivt, så mycket förstår hon. Eftersom hon har ett så nära samarbete med AIDS delegationen i Sverige, vet hon mycket väl vilka regler som gäller och hur hon ska skydda andra för sig själv! Matilda granskar sina händer noga. Nej, hon har inga sår eller hudskador. Ska nu dessa händer bli farliga för de kvinnor hon ska förlösa? Hon inser att hon nu måste vara extra försiktig. Inte sticka sig på några nålar och inte ha några öppna sår. Helst dubbla handskar under förlossningen, för att inte hon själv ska smitta kvinnan. Men visst är situationen grotesk.

Den natten får hon inte en blund i ögonen. Hon målar upp olika scenarier. Är hon alltså slut som barnmorska, hur ska hon kunna arbeta inom sjukvården i fortsättningen? Vad ska hon jobba med om hon inte kan fortsätta inom vården? Hon älskade ju sitt jobb. Hur ska hon kunna berätta detta hemska för sina barn? Jovisst fanns det bromsmedicin numera, men hur skulle hennes liv bli i framtiden? Ringer mitt i natten till en vän som ser nyktert på det hela. Han menar att ett osäkert svar är ju precis vad det är, varken negativt eller positivt. Tänk inte det värsta! När de analyserat provet igen, så ska du se att det är negativt! Hur skulle du kunnat bli smittad? Du har ju verkligen inte utsatt dig för någon smitta, inte haft hand om några förlossningar i Somalia eller haft oskyddat sex. Hm..tänker Matilda, min man som jag just skiljt mig från...

Anna, hennes kollega bestämmer sig för att komma på nyåret och jobba, för då saknas det verkligen arbetskraft på förlossningen där Matilda är. Annas två yngsta söner är med. När Anna jobbar är Matilda ledig och tvärtom, så pojkarna har någon vuxen hela tiden. Varje ledig dag tar de tillvara för att åka slalom i skidbacken som ligger strax i närheten. Efteråt tänder de en brasa i spisen och njuter varm choklad med vispgrädde. Barnen är förtjusta över skidåkningen och när Matilda står på krönet med den yngste säger han spontant:

– Wow, Titta Matilda är det inte härligt!

 Snön gnistrar i solskenet och de har en hel härlig backe att ta sig ner för. Så skönt att slippa vara ensam under helgdagarna! Och tryggt att få dela tillvaron och sina tankar med sin bästa vän. Inte minst under den stress Matilda upplever under väntan på svar på HIV testet. Anna ger lugn och är en mycket jordnära person. De kunde berätta allt för varandra.

När svaret från Rikshospitalet landar hemma i hennes egen brevlåda flera veckor senare visar testet mycket riktigt negativt, men de vill att hon tar ett nytt prov om tre månader. Matilda jublar. Det är som att vinna mer än en miljon. Ja, det är ju att vinna sitt liv igen! Hon är helt övertygad om att nästa blodprov kommer också att vara negativt. Hennes fötter svävar när hon går.

– Du dansar på förlossningssalen Matilda, säger Dr Krupka, som är tillbaka från sin ledighet.

De är båda två i ett förlossningsrum med den svenska barnmorska Mia, som håller på att förlösa tvillingar. Det går fantastiskt fint. Matilda får ta hand om barn nummer ett, och Dr Krupka kontrollerar att nummer två ligger rätt inför krystningen. Det är Mias första tvillingförlossning och den blir helt okomplicerad.

På sportlovet kommer yngsta dottern och en kompis. Deras tåg är försenat från Sverige och de hinner inte med anslutande tåg från Oslo, och det går inget senare. Dottern ringer och berättar. Det är snöoväder och Matilda vet inte vad hon ska ta sig till. Hon delger sina norska kollegor den förfärliga belägenhet hon befinner sig i. Ragnhild lovar ta deras terrängbil som är försedd med snökedjor och tillsammans kan de åka och hämta flickorna på en järnvägsstation som ligger trettiosex km söderut, mindre än halva sträckan till Oslo. Dit gick det tåg från Oslo som flickorna kunde ta. Puh, vilken besvärlig resa. Det tog tid att ta sig fram. Flickorna fick vänta ganska länge på järnvägsstationen, innan de kunde bli hämtade. Så var det att vara i Norge mitt i vintern. Men de fick en fin vecka tillsammans.

Samma vecka går Matildas och hennes mans skilsmässa igenom. Tjugosex år av gemensamt liv avslutas utan några som helst krusiduller. Matilda funderade ibland på om man inte borde anordna en särskild ceremoni vid skilsmässa, såväl som vid en vigsel. Det hette ju mässa!

Vintern är lång och det börjar kännas trögt att jobba i Norge. Nu är det början av mars månad och Matilda reser hem för en vecka. En hågad köpare till radhuset har dykt upp. Den familjen önskar tillträda 15 juni. Det känns väldigt bra att kunna skriva kontrakt och få detta bekräftat. Matilda fortsätter i Norge den tid hon lovat. Det känns långt nu till slutet av april. Till hennes stora glädje planerar döttrarna med respektive att komma och njuta påsklovet i Norge tillsammans med henne. Det blir härliga glada dagar och vädret är gynnsamt för slalom. De sista två veckorna går därefter fort. Matilda gör en smörgåstårta för att fira sista dagen på jobbet. De norska kollegorna hade aldrig smakat något sådant. Nja, de visste inte om de skulle tycka om det eller inte. Mia och hennes son reser inte hem förrän skolterminen är slut. Så är då allt packat och klart och Matilda sätter sig på tåget. Det är fortfarande mycket snö i Norge och hon längtade verkligen efter vår och grönt.

28

Äntligen hemma. Så skönt att komma hem och vara med sin yngsta dotter. Så härligt att återkomma till sin vanliga arbetsplats och arbetskamrater. Hon har varit borta därifrån under nio månader, som motsvarar en hel graviditet!

I trädgården spirade vårblommorna och Matilda njöt. Hon hade gärna velat behålla huset om hon bara haft råd. Egentligen skulle hon kunnat låta mannen gå ifrån alltsammans utan att få ut sin del. Han hade ju redan en ny relation som pågick under de sex månaders betänketid de hade före den definitiva skilsmässan. Matilda hade lagen på sin sida. Men hon ville inte dra igång några rättsprocesser, utan de delar allt mitt itu.

Matilda köper sig en bostadsrätt. Sonen gör militärtjänst och kommer hem till Matilda på permissionerna. Yngsta dottern väljer att bo med sin pappa och den nya frun, så henne ser hon sällan. Allt var redan bestämt av dem, medan hon hade varit på utlandsuppdraget. Det var som att slita hennes eget hjärta ur kroppen att inte få vara med henne. Som alltid när livet är svårt sätter sig Matilda vid orgeln. *"Vår Gud är oss en väldig borg"*, hennes favoritpsalm tonar i hörlurarna och hon skriker ut orden i den starka psalmen bara för att få ut all smärta.

Skilsmässor inom kyrkan är inte så lätt accepterade, det skulle hon snart få erfara. Vems var felet? Var det Matildas eller mannens? Vänner visste inte hur de skulle bete sig, Gifta par i synnerhet, kunde de bjuda in Matilda ensam? Tänk om hon skulle lägga beslag på deras man? Kristna gifta män började ringa och säga:

– Du behöver inte vara ensam!

De ringde till och med och sökte henne på arbetsplatsen. När hon kom till större träffar och konferenser tog sig män som hon kände väl, friheten att bli närgångna. Var hon till salu? Hur såg de på en ensam kvinna? Som tur var hade Matilda ett oerhört stöd av sina kollegor och arbetskamrater. En del av dem hade gått igenom samma svåra process. Matilda funderade över vilken skillnad det måste vara att bli änka. Kvinnor som förlorade sin man genom döden, fick brev om vänligt deltagande i sorgen. Matilda hade behövt sådana brev, för det var en svår och lång sorgeprocess som startade. Kvinnor som mist sina män hade i de flesta fall en grav eller minneslund att gå till. Matilda hade ingen plats, dit hon kunde gå och minnas alla de tjugosex år de tillbringat tillsammans. Familjen var totalt splittrad och det fanns inget gemensamt hem där de kunde träffas tillsammans med barnen. Hon grät tills tårarna tog slut.

Första ensamma julen i bostadsrätten kommer dock de två äldsta barnen och firar med henne och mormor. Ena dottern har med en studiekamrat från Frankrike. Han har med sig två stora flaskor med champanj. Nu ska det bli riktig fest med äkta fransk champanj. Matildas mamma får cider i sitt glas och till allas förvåning höjer hon glaset tillsammans med alla och säger,

– Skål och God Jul.

Matilda som är ovan vid alkohol blir snurrig i huvudet, fnittrig och väldigt ostadig på handen, så döttrarna får hjälpa henne att ta ut maten ur ugnen. Det blir en mycket rolig julafton tillsammans med de käraste hon har i sitt liv.

Telefonsamtal från Lemlem.

– Snälla Matilda hjälp mig, jag orkar inte bo här på en flyktingförläggning under flera år!

Hon låter helt desperat. Hon har väntat fått uppehålls- tillstånd men väntat under två år att bli placerad i någon kommun. I kommunen där hon är, finns det ingen plats.

– Kan du ordna så jag kan få komma till din kommun?

Under placeringen på flyktingförläggningen hade Lemlem träffat en svensk man som undervisade i svenska för invandrare SFI, och han hade bedyrat sin kärlek till henne. Han är gift och har barn. Lemlem vill inte längre vara kvar där och bli orsak till en skilsmässa.

Matilda kontaktar kommunen. Jovisst, de har utrymme i sin kvot att ta emot Lemlem och hennes barn. Men hon måste själv ordna bostad för att få komma, det kan inte kommunen ställa upp med. De har inga lediga bostäder. Hm, så fyrkantiga regler, tänker Matilda Det blir ju moment tjugotvå. Fullständigt låst. Hur går detta att lösa? Men mitt emot Matilda bor en ung man som hon ofta pratat med. Han har funderat på att hyra ut sin lägenhet och flytta hem till sin pappa för att spara pengar under sin studietid. Matilda knackar på hos honom. Jovisst kan han hyra ut sin lägenhet, och han får ju garantin att kommunen betalar. Och så blev det att Lemlem och hennes barn flyttade in mitt emot Matilda. Det var roligt att få nära till varandra, och Matilda kunde hjälpa dem att komma in i samhället. Lemlems dotter fick börja dagis medan Lemlem erbjöds utbildning inom ekonomi vilket hon arbetat med i sitt hemland.

AIDS konferens

Till Adam o Eva mottagningen kommer det regelbundet information från RFSU och AIDS delegationens tidning. En dag upptäcker Matilda en intressant annons i den. AIDS delegationen annonserade ut att ett bidrag på en halv miljon kunde sökas för informativ verksamhet riktad till invandrargrupper. Matilda och hennes två vänner Anna och Berta såg det som en möjlighet. Tänk om vi kunde söka medel för vår privata mottagning! De hör av sig till angivet telefonnummer och får tala med handläggaren. Han inbjuder dem att följa med på AIDS delegationens konferensresa till Helsingfors för att etablera kontakt. Han lovade dem att ge dem alla fakta om hur de skulle göra för att ansöka om bidraget.

Det blev Anna och Matilda som kunde följa med på resan. De fick ta del av senaste nytt om HIV och AIDS, knöt viktiga kontakter för samarbete och skissade en plan för hur arbetet på Adam och Eva skulle utvecklas. De funderade på att söka tjänstledigt på femtio procent från sina ordinarie arbeten hos Landstinget, och under det närmaste året satsa på den privata mottagningen. Den ansvarige för AIDS delegationen uppmuntrade dem att söka och lovade att han skulle bevilja den. Det fanns bara en hake. De kunde inte ansöka själva, utan ansökan skulle skrivas under av Landstingets presidium. De bokade snarast in ett möte på Landstinget. Ansökan till AIDS delegationen var formulerad, projektplanen klar, och en ekonomisk kalkyl gjord av de tre vännerna. Ledarmötena var imponerade och lovade att signera och sända in ansökan. Det var bara det att de stal hela projektet själva! Matilda och hennes kollegor blev inte alls delaktiga. Landstinget lade beslag på den halva miljonen. Det blev inga pengar till invandrargrupperna. Istället anordnades en konferens för lärare på Öland på ett lyxigt hotell. Den handlade om hur lärarna lämpligen skulle undervisa i sex- o samlevnad och HIV, nog så viktigt.

Ett fortsatt avtal med Migrationsverket om att ta hand om mödravården för kvinnorna på flyktingförläggningen gick om intet, efter att en privat gynekolog erbjöd sig att genomföra programmet direkt på förläggningen. Tidigare hade de fått ersättning från Migrationsverket för varje patient de tagit sig an. Utan intäkter kunde de inte arbeta vidare. Mottagningen Adam och Eva läggs ner.

Anna med sin familj emigrerar till USA. Läkaren som Matilda och hennes vänner hyrde lokal av för den privata verksamheten, hade plötsligt dött i hjärtinfarkt och blev funnen i sin bädd hemma några månader senare, tillsammans med hustrun som också låg död i sängen bredvid. Berta blir utkörd från det gemensamma huset av sin man utan någon betänketid alls. Han hade blivit kär i en ung kvinna. De yngsta två barnen stannar kvar hos pappa. Nu börjar hennes ensamma liv.

Jag vill vara en levande människa

En riktig människa, som när jag dör,

dör levande och varm

och då de sörjande inte gråter vid graven

utan ler

Vid minnet av det jag sagt eller gjort.

Eftermäle.

2010 träffade Matilda av en händelse en man som var från Kismayu i Somalia. De sågs i Stockholm i samband med årsmötet för organisationen White Ribbon Alliance Sweden.. Denna organisation arbetar för att stoppa mödradöden i världen. Den somaliske mannens dotter studerade till läkare på KI, och han var mycket stolt över henne. Han själv var en förkämpe mot kvinnlig könsstympning. Av honom fick Matilda veta att Isnino, hennes kollega i Somalia, tyvärr inte levde längre.

Han berättade också om Hawa, den andra somaliska kollegan, att hon hade gift sig med en minister i regeringen i norra Somalia och bodde i Bosasso. Hawas egen könsstympning hade gjort henne barnlös. Hawa byggde flera flickskolor i Bosasso med omnejd. Flickor skulle ha rättighet att få en utbildning. Hon undervisade kvinnor och flickor om könsstympningens hemska konsekvenser och bekämpade denna sedvänja tillsammans med sin man på ministernivå.

Tonio fick kontakt via Facebook, för ett par år sedan, med Matilda. Han var utbildad läkare, gift och hade två barn och arbetade på det största sjukhuset i Bogota. Mario sökte asyl i Spanien, fann en spanjorska och gifte sig och fick barn. Sissi överlevde alla svårigheter. Guds omsorg räddade henne både från skuldbrevet, borgensumman och en bröstcancer. När tumören skulle opereras bort fanns den inte längre!

Anna och hennes familj trivdes i Amerika. Berta fortsatte att leva ensam, medan Matilda drog på nya uppdrag till Afrika. Den berättelsen kommer i den sista och tredje delen av biografin.

1. *Vårt barnmorskeemblem Med placentaträdet*

och tuppen längst upp som betyder vaksamhet

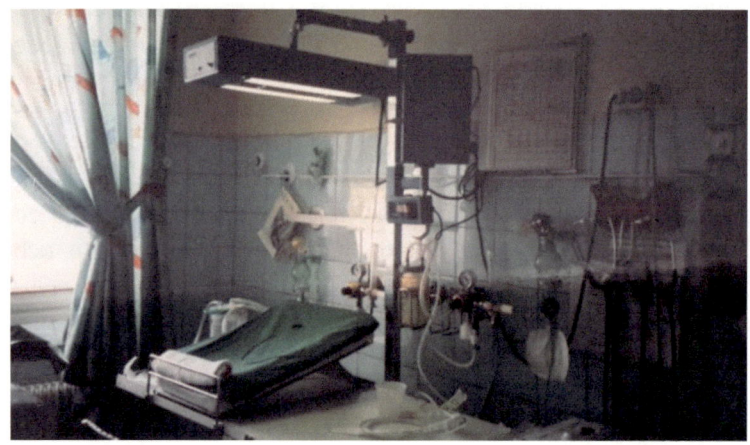

2. *Barnrum med apparatur för akuta åtgärder i Sverige*

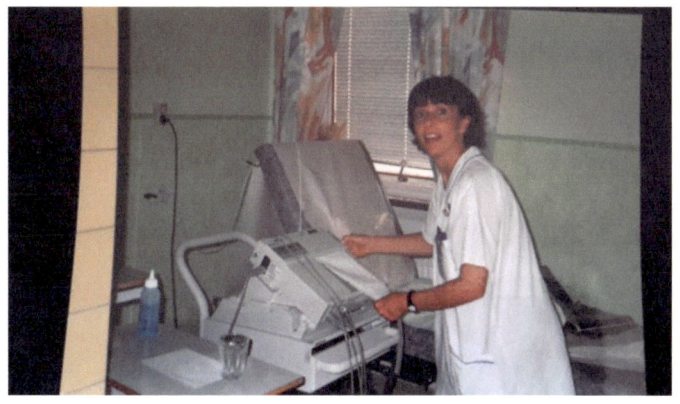

3. *CTG apparat Förlossningen Kalmar*

4. *Förlossningsrum i Sverige*

5. Återträff föräldragrupp Sverige Gissa vilket kön! Blått o rosa....

6. *Vattengympa för gravida i Mottagningen Adam o Evas regi*

7. *Kolsåstoppen Baerum Norge. Jag lyckades ta mig upp!*

8. *Mina kollegor Isnino och Hawa tillsammans med mig i Kismayu, Somalia*

9. *Många resor med helikopter. UN:s fartyg Zinnia i bakgrunden.*

10. *Också ett sätt att tanka bilen*

11. *Sönderbombat sjukhus i Kamsuma Somalia.*

12. *Deltagare i kursen i Kismayu för by barnmorskor*

13. *Kurs för sjuksköterskorna i Medina Kismayu*

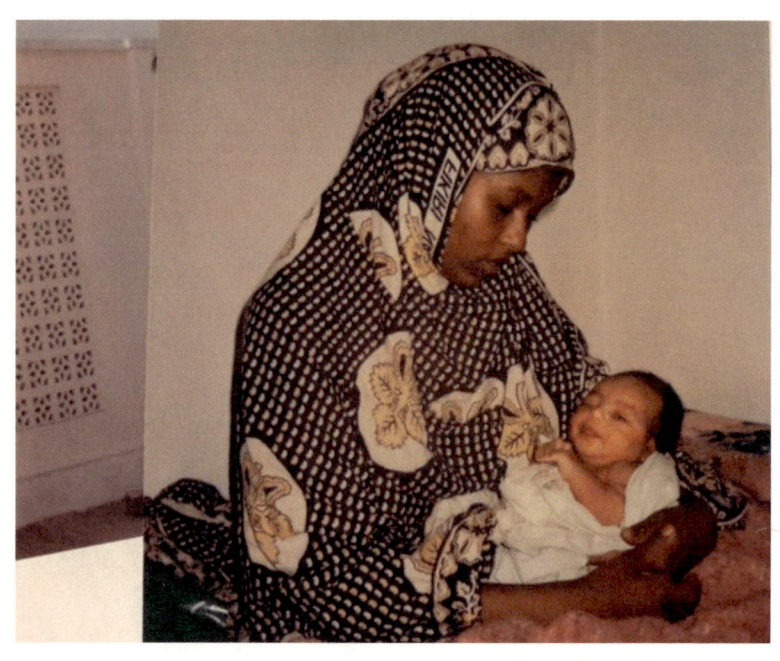

14. *En nyförlöst mamma på Fanolekliniken i i Kismayu*

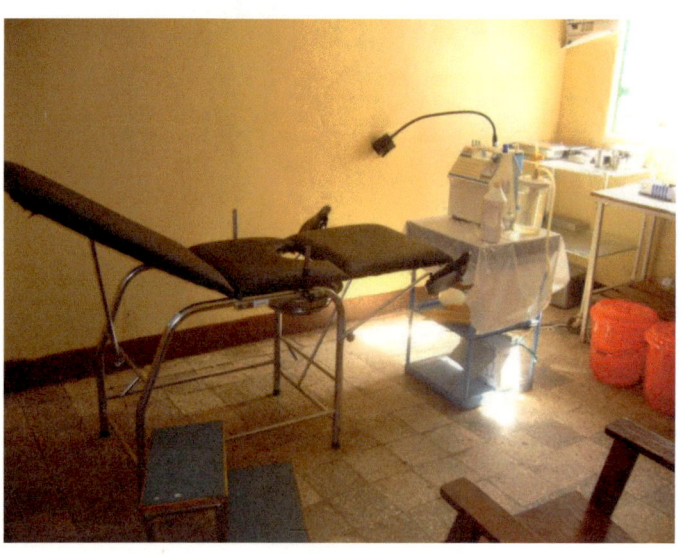

15. *Förlossningsrum på kliniken.*

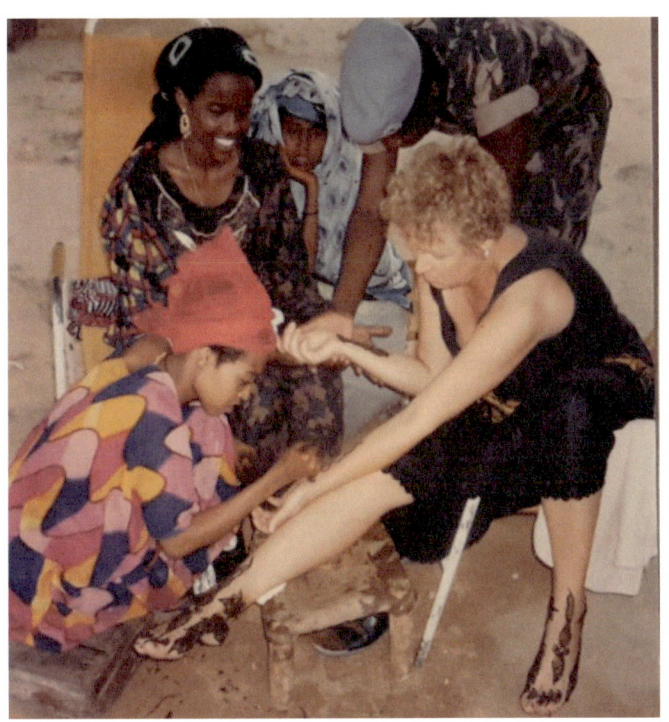

16. Jag blir dekorerad inför hemresan.